Student Activities M

CIAO!

Quaderno degli esercizi

EIGHTH EDITION

Carla Larese Riga

Santa Clara University

CONTRIBUTING AUTHOR

Irene Bubula-Phillips

Santa Clara University

HEINLE
CENGAGE Learning·

Australia • Brazil • Japan • Korea • Mexico • Singapore • Spain • United Kingdom • United States

ISBN-13: 978-1-133-60741-0
ISBN-10: 1-133-60741-1

Heinle
20 Channel Center Street
Boston, MA 02210
USA

Cengage Learning is a leading provider of customized learning solutions with office locations around the globe, including Singapore, the United Kingdom, Australia, Mexico, Brazil, and Japan. Locate your local office at **international.cengage.com/region**

Cengage Learning products are represented in Canada by Nelson Education, Ltd.

For your course and learning solutions, visit **www.cengage.com**

Purchase any of our products at your local college store or at our preferred online store **www.cengagebrain.com**

Printed in the United States of America
2 3 4 5 6 7 16 15

TABLE OF CONTENTS

PREFACE

The *Student Activities Manual* to accompany *Ciao!*, **Eighth Edition,** has been extensively revised and updated. Each chapter contains a variety of activities that reinforce and expand on the content of the main text and facilitate the development of all four language skills. It combines a workbook section, **Esercizi scritti,** and a laboratory manual, **Esercizi orali.**

As you complete each section of the textbook chapter, you can turn to the *Student Activities Manual* for additional practice, contextualized readings, and listening activities. Each chapter opens with a **Regioni d'Italia** section, with reading comprehension activities correlated to the **Regioni d'Italia** pages at the beginning of the textbook chapters. It is followed by **Studio di parole,** where students can practice vocabulary and expressions that are the thematic basis of the chapter.

The **Punti grammaticali** section includes written exercises for each grammar point featured in the main text. Many of the varied exercises are meaningfully contextualized, stress writing skills, and encourage ongoing self-assessment.

The **Esercizi scritti** end with a cultural/reading section, **Vedute d'Italia,** that presents very contemporary perspectives on Italy and encourages students to explore aspects of Italian life and culture in greater depth. These readings directly complement the materials presented in the main textbook.

The laboratory program, **Esercizi orali,** provides recorded activities to develop listening comprehension and speaking skills. A new section, **Pronuncia,** has been added to this edition, for students to practice Italian sounds and learn how to reproduce them in writing.

La città

Esercizi scritti

Le regioni d'Italia Il Piemonte

Torino, panorama della città

A. Vero o falso? Read the following statements and decide whether they are true (**vero**) or false (**falso**). When false, provide the correct statement.

1. Il Piemonte è una regione dell'Italia settentrionale. (**vero**) falso

2. Il Po è una città. vero (**falso**)

3. Torino è il capoluogo. (**vero**) falso

4. La Fiat è una ditta (*company*) di automobili. (**vero**) falso

5. La «bagna cauda» è un vino. vero (**falso**)

6. Il Castello Reale è una chiesa. (**vero**) (**falso**)

2. Il Po é un fiume.

5. La "bagna cauda" é un cibo.

Nome _____ Data _____ Classe _____

B. Informazioni. Complete the sentences with the correct word from the list.

riso   ~~vini~~   ~~Po~~   ~~Sestriere~~   tartufi

1. È il più lungo (*longest*) fiume in Italia: il _____Po_____.
2. Il Barolo e il Barbera sono due _____vini_____ del Piemonte.
3. È un prodotto delle province di Novara e Vercelli: il _____riso_____.
4. Si trovano (*They are found*) nella zona di Alba: i _____tartufi_____.
5. Il _____Sestriere_____ è una località sciistica.

Studio di parole La città

A. Dove sono? Match the things and people listed in column A with their correct locations from column B.

A		B	
1. __e__ un elefante		a. un ristorante
2. __f__ un cappuccino		b. una scuola
3. __g__ un turista		c. una farmacia
4. __i__ un dottore		d. una piazza
5. __h__ un'opera		e. uno zoo
6. __d__ un monumento		f. un bar
7. __b__ una studentessa		g. un albergo
8. __a__ un menù		h. un teatro
9. __c__ un'aspirina		i. un ospedale

B. Mezzi di trasporto (*Means of transportation*). Identify the means of transportation with the indefinite articles.

Esempio   una macchina/un'automobile

1. __un autobus__

2. __uno treno__

3. __un motorino__

4. __una moto__

5. __una bici__

6. __un tram__

Punti grammaticali

1.1 *Essere* (To be); *C'è, ci sono e Ecco!*

A. Chi sono e dove sono? Complete each sentence with the correct form of **essere**.

1. (Tu) ___Sei___ in Italia.
2. (Noi) ___Siamo___ studenti.
3. (Voi) ___siete___ a Roma.
4. Marco e Giuseppe ___sono___ in centro.
5. (Io) ___sono___ uno studente/una studentessa.
6. Roberto ___è___ un professore.

B. Domande. Write questions following the example.

Esempio Firenze / una città
È una città Firenze?

1. Stefano e Carlo / a scuola

   ___Dove è a scuola ~~di~~ Stefano e Carlo?___
   (sono)

2. Tu e Marta / in Italia

   ___Siete in Italia Tu e Marta?___

3. Il mercato / in piazza

   ___È (il mercato) in piazza?___

4. Tu / professore.

   ___Sei professore?___
   (tu)

5. Torino / in Piemonte.

   ___É (Torino) in Piemonte?___

C. No, non è vero! Answer each question in the negative.

Esempio È con una ragazza Marcello?
No, Marcello non è con una ragazza.

1. È dottore Luca?

   ___No, Luca non è un dottore.___

2. Siete a Firenze (voi)?

   ___No, noi non siamo a Firenze.___

3. Sei in classe (tu) oggi?

   ___No, io non sono in classe oggi.___

4. Siete di Milano tu e Lisa?

   ___No, Noi e Lisa non siamo di Milano.___

5. Sono in Italia (loro)?

   ___No, loro non sono in Italia.___

D. In centro. Rewrite each sentence using **Ecco.**

Esempio   C'è un signore.
              Ecco un signore!

1. C'è una fontana. _Ecco una fontana!_
2. C'è un museo. _Ecco un museo!_
3. C'è una stazione. _Ecco una stazione!_
4. C'è un ufficio informazioni. _Ecco un ufficio informazioni!_ ✓

E. Cosa c'è a Torino? Complete each sentence with **c'è** or **ci sono.**

1. ___c'è___ una metropolitana.
2. ___ci sono___ automobili in centro.
3. ___ci sono___ negozi.
4. ___ci sono___ monumenti e piazze.
5. ___c'è___ un aeroporto.
6. ___c'è___ un ufficio postale in centro. ✓

1.2 Il nome

A. Nella città di Firenze. Indicate the gender of each noun by writing *M* (masculine) or *F* (feminine) in the blank.

1. studentessa _f_
2. scultore _m_
3. ristorante _m_
4. stazione _f_
5. automobile _m_
6. banca _f_

7. città _f_
8. edificio _m_
9. farmacia _f_
10. albergo _m_
11. caffè _m_
12. autobus _m_

B. Più di uno. Change each noun from singular to plural.

1. scuola _scuole_
2. professore _professori_
3. lezione _lezioni_
4. libro _libri_
5. signora _signore_
6. amica _amiche_

7. banca _banche_
8. ufficio _uffici_
9. bar _bar_
10. caffè _caffi_
11. città _____
12. autobus _____

1.3 Gli articoli

A. L'articolo indeterminativo. Supply the indefinite article of each noun.

1. _____ città
2. _____ amico
3. _____ studente
4. _____ libro
5. _____ professore
6. _____ amica
7. _____ università
8. _____ zoo
9. _____ studio

B. L'articolo determinativo. Supply the appropriate forms of the definite article.

1. _____ ragazzo e _____ ragazza
2. _____ signore e _____ signora
3. _____ amico e _____ amica
4. _____ stadio e _____ studente
5. _____ numero e _____ zero
6. _____ giardino e _____ albero
7. _____ città e _____ stato

C. Dove sono? Complete each sentence, using the definite article and the noun in the plural form.

Esempio   (bambina) _____ sono a casa.
              Le bambine sono a casa.

1. (ragazzo) _____ sono a scuola.
2. (studente) _____ sono in classe.
3. (automobile) _____ sono in garage.
4. (professore) _____ sono in ufficio.
5. (banca) _____ sono in centro.
6. (negozio) _____ sono in via Mazzini.
7. (chiesa) _____ sono in periferia (*outskirts*).

D. Articoli determinativi. Complete each sentence with the correct form of the definite article.

1. Dove sono _____ fiori e _____ alberi?
2. Com'è _____ ristorante Biffi?
3. _____ stato di Washington è in America.
4. Dove sono _____ libri di Maria?
5. Ecco _____ giardino per _____ bambini.
6. Ecco _____ fontana di Trevi.

E. L'articolo con i titoli. Complete each sentence, using the title in parentheses and the definite article if appropriate. Remember to drop the final -e, when necessary.

1. (professore) Dov'è _____ Sapienza?

2. (professoressa) Come sta, _____ Guzzi?

3. (signori) Sono a casa _____ Catalano?

4. (signora) Buon giorno, _____ Ponti.

5. (dottore) È in ufficio _____ Penicillina?

1.4 Espressioni interrogative

Domande. Write the question that would elicit the answer provided by using **chi, che (cosa, che cosa), dove, come,** or **quando.**

Esempio Francesco è a casa.
Dov'è Francesco?

1. Sto bene, grazie. _____

2. Siamo a Roma. _____

3. Novara è una città. _____

4. Gino è un amico di Marisa. _____

5. Oggi siamo in classe. _____

Come si dice in italiano?

1. *Excuse me, where is the university?*

2. *There is the university!*

3. *Is Professor Pini there?*

4. *Who? Doctor Pini? He is not in today* (**Non c'è**). *He is at home.*

5. *Where is the Bank of Italy, please?*

6. *It is downtown.*

7. *Are there restaurants, too?*

8. *Yes. The restaurants and shops are downtown.*

9. *Thank you. Good-bye.*

10. *You are welcome, Madam. Good-bye.*

11. *What's your name?*

12. *My name is Lisa. I'm a student of Italian.*

Vedute d'Italia Tre piazze

Read the brief descriptions of three famous Italian squares. Italian **piazze** display different architectural styles and have been cultural, political and religious gathering places of great importance throughout history. When finished, answer the questions on the next page.

Venezia - Piazza San Marco

Courtesy of the authors

Piazza San Marco a Venezia è il cuore della città *(the heart of the city)*. Nella piazza c'è una chiesa, la Basilica di San Marco con il Campanile *(belltower)*. Ci sono i caffè, i negozi, molti *(many)* turisti e anche molti piccioni *(pigeons)*. A Venezia non ci sono strade con le macchine, gli autobus o i motorini, ma *(but)* ci sono i canali con le gondole e i vaporetti *(waterbuses)*.

Roma - Piazza Navona

iStockphoto.com/Lya_Cattel

Ecco Piazza Navona, in centro a Roma. Piazza Navona è di forma ellittica *(elliptical shape)* perché in epoca romana *(Roman age)* era *(used to be)* uno stadio. Oggi Piazza Navona è una piazza barocca *(baroque)* con tre fontane e una chiesa (la chiesa di Santa Agnese). Ci sono ristoranti e caffè e in dicembre c'è anche un mercato natalizio *(Christmas market)*.

Napoli - Piazza Plebiscito

iStockphoto.com/Paolo Cipriani

Piazza Plebiscito è una grande *(large)* piazza a Napoli. In Piazza Plebiscito ci sono edifici importanti: c'è una chiesa, la Basilica di San Francesco, e c'è il Palazzo Reale. Oggi Il Palazzo Reale è un museo. In piazza ci sono due monumenti, due statue equestri in bronzo *(bronze equestrian statues)*. Vicino alla piazza c'è un famoso teatro, il Teatro San Carlo.

Domande

A. Vero o falso? Decide whether the following statements are true (**vero**) or false (**falso**).
Correct the false statements.

1. In Piazza San Marco c'è una fontana.	vero	falso
2. A Venezia ci sono i canali.	vero	falso
3. In Piazza Navona c'è un mercato natalizio.	vero	falso
4. In Piazza Navona non c'è una chiesa.	vero	falso
5. In Piazza Plebiscito ci sono due monumenti, due statue.	vero	falso
6. Il Palazzo Reale è un teatro.	vero	falso

B. Completate. Complete the following statements with the appropriate information.

1. A Venezia non ci sono _____.

2. La Basilica di San Marco è una _____.

3. In Piazza San Marco ci sono molti _____ e molti _____.

4. Piazza Navona in epoca romana era _____.

5. In Piazza Navona ci sono tre _____.

6. Vicino a Piazza Plebiscito c'è un famoso _____.

Esercizi orali

Studio di parole La città

🔊 **Maschile o femminile?** Listen to each word and indicate whether it is masculine (**maschile**) or feminine
CD1-2 (**femminile**).

Esempio   You hear: macchina
You underline: maschile / femminile

1. maschile / femminile	6. maschile / femminile
2. maschile / femminile	7. maschile / femminile
3. maschile / femminile	8. maschile / femminile
4. maschile / femminile	9. maschile / femminile
5. maschile / femminile	10. maschile / femminile

Pronuncia

La lettera *C*

Reminder. The letter *c* has two sounds:

1. **C dura.** *C* has a hard sound /k/ when it is followed by the vowels **a, o**, and **u** and **all consonants.** Be careful with the combinations **chi** /ki/ and **che** /ke/.

   A. Listen and repeat the following words.

1. casa	2. come	3. curioso	4. chi	5. che	6. chiesa
7. parco	8. parchi	9. amica	10. amiche		

2. **C dolce.** *C* has a soft sound /č/ (as in "chill") when it is followed by **e** and **i**.

   B. Listen and repeat the following words.

1. ciao	2. città	3. cinema	4. piacere	5. cinque	6. c'è
7. bici	8. dieci	9. vicino	10. centro		

   C. Repeat the following sentences after the speaker.

   1. Le banche sono in centro.
   2. Ci sono cinque parchi.
   3. Ecco le chiese!
   4. Ciao! Come ti chiami?
   5. Chi è Rachele?
   6. Cecilia è a casa.
   7. Le amiche e gli amici sono al cinema.
   8. Piacere, mi chiamo Cesare!

1.1 *Essere* (To be); *C'è, ci sono* e *Ecco!*

A. Dove sono gli studenti? Listen to the model sentence. Then form a new sentence by substituting the noun or pronoun given as a cue. Repeat the response after the speaker.

Esempio   Maria è in classe. (io)
Io sono in classe.

1. _____
2. _____
3. _____
4. _____
5. _____
6. _____

B. Formare domande. Change each statement you hear into a question as in the example. Then repeat the response after the speaker.

Esempio   Marco è professore.
È professore Marco?

1. _____
2. _____
3. _____
4. _____
5. _____

CD1-6

C. Rispondere con una frase negativa. Answer each question in the negative. Then repeat the response after the speaker.

Esempio Sono in classe Marisa e Gina?
No, Marisa e Gina non sono in classe.

1. _____
2. _____
3. _____
4. _____
5. _____

CD1-7

D. Nella città di Belluno. You are moving to a small town and want to confirm that it has the following essential places and services. Ask questions with **C'è** or **Ci sono,** according to the cue. Then repeat the response after the speaker.

Esempi un cinema *C'è un cinema?*
autobus *Ci sono autobus?*

1. _____
2. _____
3. _____
4. _____
5. _____
6. _____

CD1-8

E. Una visita a Perugia. Dino Campana is showing his hometown to a friend. Use the cues to recreate each of his statements. Then repeat each statement after the speaker.

Esempio una piazza
Ecco una piazza!

1. _____
2. _____
3. _____
4. _____
5. _____

1.2 Il nome

CD1-9

A. In classe. Listen to each statement and indicate whether the classroom object mentioned is masculine **(maschile)** or feminine **(femminile).** You will hear each statement twice.

Esempio You hear: Ecco una carta geografica.
You underline: maschile / femminile

1. maschile / femminile
2. maschile / femminile
3. maschile / femminile
4. maschile / femminile
5. maschile / femminile
6. maschile / femminile
7. maschile / femminile
8. maschile / femminile
9. maschile / femminile
10. maschile / femminile

CD1-10

B. Non uno, ma due! Answer each question in the negative as in the example. Then repeat the response after the speaker.

Esempio È un bambino?
No, sono due bambini.

1. _____
2. _____
3. _____
4. _____

5. _____   7. _____

6. _____   8. _____

1.3 Gli articoli

🔊 CD1-11

A. Al caffè Garibaldi. Listen to each statement and tell whether the drink that is ordered is masculine or feminine by underlining the correct form of the indefinite article—**un** or **uno**, or **una** or **un'**. Each statement will be repeated twice.

Esempio   You hear: Un caffè, per favore.
         You underline: <u>un</u> / uno / una / un'

1. un / uno / una / un'   4. un / uno / una / un'

2. un / uno / una / un'   5. un / uno / una / un'

3. un / uno / una / un'   6. un / uno / una / un'

🔊 CD1-12

B. Una visita alla città! Listen to each statement and indicate whether the place or thing mentioned is masculine singular (**il, lo**), or feminine singular (**la**). Each statement will be repeated twice.

Esempio   You hear: Ecco il museo dell'Accademia!
         You underline: <u>il</u> / lo / la

1. il / lo / la   4. il / lo / la

2. il / lo / la   5. il / lo / la

3. il / lo / la   6. il / lo / la

🔊 CD1-13

C. Dove sono i turisti di Firenze? Marcello is indicating to a passerby where various people and things are. Following the example, use the cues to recreate each of his statements. Repeat the correct response after the speaker.

Esempio   una ragazza
         Ecco la ragazza!

1. _____   4. _____

2. _____   5. _____

3. _____   6. _____

🔊 CD1-14

D. Al plurale! Change each sentence from the singular to the plural. Then repeat the correct response after the speaker.

Esempio   Dov'è la signorina?
         Dove sono le signorine?

1. _____   5. _____

2. _____   6. _____

3. _____   7. _____

4. _____   8. _____

1.4 Espressioni interrogative

🔊 **A. In classe.** Listen to each statement and indicate which question it answers: **Chi è?** or **Che cos'è?**
CD1-15

Esempio You hear: È una penna.
You underline: Chi è? / Che cos'è?

1. Chi è? / Che cos'è?   4. Chi è? / Che cos'è?

2. Chi è? / Che cos'è?   5. Chi è? / Che cos'è?

3. Chi è? / Che cos'è?   6. Chi è? / Che cos'è?

🔊 **B. Qual è la domanda?** Ask a question that would elicit each answer that you hear. Then repeat the
CD1-16 response after the speaker.

Esempio San Francisco è in California.
Dov'è San Francisco?

1. _____   4. _____

2. _____   5. _____

3. _____

Adesso ascoltiamo!

🔊 **A. Dettato: La città di Venezia.** Listen to this short description of the city of Venice. It will be read the first
CD1-17 time at normal speed, a second time more slowly so that you can supply the missing nouns with the
appropriate definite articles, and a third time so that you can check your work. Feel free to repeat the
process several times if necessary.

Venezia è una _____ molto bella e romantica, con

molti _____ : _____,

_____, _____,

_____, _____,

_____, _____

e una _____ famosa, San Marco.

🔊 **B. All'Università di Venezia.** Listen as Antonio and Marco, students at the University of Venice, get
CD1-18 acquainted while waiting for class. Then complete the following sentences with the appropriate
information.

1. Marco abita a _____ .

2. Venezia è una città molto _____ .

3. Non c'è un parco ma ci sono molte belle _____ .

4. Il teatro famoso di Venezia è _____ .

5. Non ci sono le _____ .

6. Ci sono molti ponti e una _____ .

Persone e personalità

2

 Esercizi scritti

Le regioni d'Italia La Valle d'Aosta

Valle d'Aosta – Il Monte Bianco

A. Vero o falso? Read the following statements and decide whether they are true **(vero)** or false **(falso)**. When false, provide the correct statement.

1. La Valle d'Aosta è una regione dell'Italia settentrionale.   vero   falso

2. La Valle d'Aosta confina con l'Austria.   vero   falso

3. In Valle d'Aosta ci sono molte montagne.   vero   falso

4. La Valle d'Aosta è una regione molto grande.   vero   falso

5. A Fénis c'è un parco nazionale.   vero   falso

6. In Valle d'Aosta si fa *(you can do)* l'alpinismo.   vero   falso

_____

_____

_____

B. Informazioni. Complete the sentences with the correct word from the list.

Arco   Cervino   Monte Bianco   fonduta   stambecco   Svizzera

1. È la montagna più alta d'Europa: il _____.

2. La _____ è il piatto tipico della Valle d'Aosta.

3. La Valle d'Aosta confina con la Francia e la _____.

4. Lo _____ è un animale, il simbolo del Parco Nazionale del Gran Paradiso.

5. L'_____ di Augusto è un monumento molto antico.

6. Il _____ è una montagna alta 4 478 metri.

Studio di parole La descrizione

A. Come sono? In the spaces provided, write the adjectives describing the following people.

© Cengage Learning

1. _____   _____   2. _____   _____

3. _____   _____   4. _____   _____

B. Com'è? Describe the people and things below, using the adjectives listed. Use each adjective at least once.

alto   americano   antico   basso   bello   bravo   buono
divertente   felice   giovane   intelligente   italiano   simpatico

1. Danny De Vito è _____.

2. Albert Einstein è _____.

3. Andrea Boccelli è _____.

4. LeBron James è _____.

5. Il tuo migliore amico/La tua migliore amica *(your best friend)* è _____.

6. Il caffè è _____.

7. Il Colosseo è _____.

C. Opposti. Answer the following questions, using the opposite adjective.

Esempio   È grassa Miss America?
No, è magra.

1. È povero Mark Zuckenberg? _____

2. È noiosa la lezione d'italiano? _____

3. È grande la Fiat 500? _____

4. È giovane il Papa *(Pope)*? _____

5. È debole Popeye? _____

6. È basso Shaquille O'Neil? _____

7. È bruna Reese Whitherspoon? _____

8. È antipatico(a) il professore/la professoressa? _____

Punti grammaticali

2.1 L'aggettivo

A. L'aggettivo al maschile e al femminile. Rewrite each sentence, using the subject in parentheses and changing the adjective accordingly.

Esempio   Il ragazzo è simpatico. (la ragazza)
La ragazza è simpatica.

1. La studentessa è brava. (lo studente)

   _____

2. Il bambino è intelligente. (la bambina)

   _____

3. La professoressa è simpatica. (il professore)

   _____

4. Il signore è canadese. (la signora)

   _____

5. La ragazza è tedesca. (il ragazzo)

   _____

B. Come sono? Complete each sentence with the correct form of the adjective in parentheses.

Esempio   (magro) Luigi è _____.
Luigi è magro.

1. (simpatico) Teresa e Maria sono _____.

2. (verde) La macchina di Tonino è _____.

3. (bravo) I professori sono _____.

4. (difficile) Le lezioni d'italiano sono _____.

5. (intelligente) Gli studenti sono _____.

6. (azzurro) Gli occhi di Maria sono _____.

C. L'aggettivo al singolare o al plurale? Change each sentence from the singular to the plural, or vice versa, making the necessary changes.

Esempio   Il giardino è piccolo. (i giardini)
           I giardini sono piccoli.

1. I compiti sono facili. (il compito)

_____

2. I dottori sono bravi. (il dottore)

_____

3. La piazza è bella. (le piazze)

_____

4. Gli edifici sono grandi. (l'edificio)

_____

5. La professoressa è americana. (le professoresse)

_____

6. La studentessa è tedesca. (le studentesse)

_____

2.2 *Buono* e *bello*

A. Tutto è buono! Answer each question in the negative, substituting **buono** for **cattivo**.

Esempio   È un cattivo caffè?
           No, è un buon caffè.

1. Gino e Luigi sono due cattivi ragazzi?

_____

2. È un cattivo amico?

_____

3. Sono due cattive amiche?

_____

4. È una cattiva idea?

_____

5. È un cattivo ristorante?

_____

B. **In Italia ci sono tante cose belle.** Using the adjective **bello,** make a comment about the following people or things.

Esempio   la macchina di Andrea
                Che bella macchina!

1. la ragazza di Francesco _____

2. i capelli di Anna _____

3. il parco di Milano _____

4. un albergo *(hotel)* di Rimini _____

5. lo studio di Renzo Piano _____

6. la lingua italiana _____

2.3 *Avere* (To have)

A. **Che cosa hanno?** Complete each sentence with the correct form of **avere.**

1. I nonni di Franca _____ una casa in campagna.

2. _____ una bicicletta tu?

3. (Noi) _____ molti compiti per domani.

4. (Io) _____ uno zio ricco.

5. _____ un vocabolario d'italiano voi?

6. Un professore _____ una professione interessante.

B. **Che cosa non hanno gli amici di Luisa?** Answer each question in the negative.

1. Avete una Fiat?

   _____

2. Hai un amico canadese?

   _____

3. Lisa e Franca hanno uno zio in America?

   _____

4. Pio ha una ragazza francese?

   _____

5. Noi abbiamo l'e-mail del professore?

   _____

6. Un professore ha una professione noiosa?

   _____

2.4 Frasi idiomatiche con *avere*

A. Come sta il tuo amico Franco? Ask your friend Franco whether . . .

1. he is sleepy.

   _____

2. he is hungry.

   _____

3. he feels warm.

   _____

4. he feels cold.

   _____

5. he is thirsty.

   _____

6. he needs money *(soldi)*.

   _____

7. he is afraid.

   _____

B. Perché… ? Quando… ? Answer the questions, using the idiomatic expressions with **avere**.

   Esempio   Perché mangi adesso *(now)*?   *Perché ho fame.*

1. Perché tu e Gianni correte *(are running)*?

   _____

2. Quando bevi *(you drink)* molta acqua?

   _____

3. Perché i bambini sono a letto *(in bed)*?

   _____

4. Quando portiamo *(we wear)* un cappotto *(coat)*?

   _____

5. Quando usiamo l'aria condizionata *(air conditioning)*?

   _____

6. Perché Antonio è in una libreria *(bookstore)*?

   _____

7. Quando diciamo «Scusa»?

   _____

Come si dice in italiano?

1. *Lisa and Graziella are two good friends.*

2. *They have brown eyes, but Lisa is blond and tall, whereas* (**mentre**) *Graziella is short and dark-haired.*

3. *They are very pretty and young.*

4. *Lisa is rich and has a small car. Gabriella has an old bicycle.*

5. *They have the same German professor. It is a difficult course.*

6. *Tomorrow they have an exam. They are afraid and they need to study* (**di studiare**).

7. *But tonight they are hungry and thirsty; they feel like eating* (**di mangiare**) *a pizza in a good restaurant.*

Vedute d'Italia Tre amici italiani

Three Italians are introducing themselves. Read what they say and answer the questions on the next page.

Stefano e Anna

Stefano Ciao! Mi chiamo Stefano, sono di Napoli e ho diciotto anni. Non sono alto, ma non sono basso. Sono un bel ragazzo, modestia a parte *(in all modesty)*! Ho i capelli corti e bruni e gli occhi castani. Sono simpatico e socievole, ma sono uno studente un po' *(a little)* pigro. Sono un ragazzo sportivo. Il calcio *(soccer)* è il mio *(my)* sport preferito *(favorite)*. Non ho la macchina, ma ho un vecchio motorino rosso. Abito con la mia famiglia in un grande appartamento in centro.

Anna Ciao! Sono Anna. Anch'io *(I also)* sono di Napoli e ho diciannove anni. Ho i capelli lunghi e castani e gli occhi verdi. Sono simpatica, intelligente e studiosa. Sono una brava studentessa. Qualche volta *(Some times)* sono un po' timida, ma sono una ragazza felice! Stefano ed io siamo buoni amici. Siamo compagni di scuola. Sono fortunata perché ho molti amici e una buona famiglia. Abitiamo *(We live)* in una casa fuori città *(outside the city center)* e abbiamo un piccolo giardino.

Il signor Antonio Buon giorno! Mi chiamo Antonio Pitti e sono di Genova. Non sono più *(anymore)* giovane, sono abbastanza *(fairly)* vecchio. Ho i capelli e la barba *(beard)* grigi e gli occhi azzurri. Non sono ricco, ma per fortuna *(fortunately)* non sono povero. Sono in pensione *(retired)* e abito in un piccolo appartamento vicino a Piazza de Ferrari. Ho un cane che si chiama Felipe. Felipe ha tre anni, è un cane giovane. È un animale intelligente e mi fa *(keeps me)* compagnia.

Courtesy of Grace Cugnetti

il signor Antonio

Domande

A. Vero o falso? Decide whether the following statements are true (**vero**) or false (**falso**).

Correct the false statements.

1. Stefano ha diciannove anni.   vero   falso
2. Anna ha i capelli biondi.   vero   falso
3. Il signor Antonio è di Genova.   vero   falso
4. Stefano è un po' pigro.   vero   falso
5. Il signor Antonio ha un gatto.   vero   falso
6. Il motorino di Stefano è rosso.   vero   falso

B. Rispondete. Answer the following questions in complete sentences.

1. Quanti anni ha Anna?

_____

2. Di dove sono Stefano e Anna?

_____

3. Com'è Stefano?

_____

4. Chi è Felipe?

_____

5. Perché Anna è fortunata?

_____

6. Di che colore sono gli occhi di Anna?

_____

7. Chi ha gli occhi azzurri?

_____

Esercizi orali

Studio di parole La descrizione

CD1-19 **Riconosciamo le finali** *(endings).* Listen to each statement and indicate which adjective ending you hear: masculine singular **(-o)** or plural **(-i),** or feminine singular **(-a)** or plural **(-e).** Underline the correct form. Each statement will be repeated twice.

Esempio   You hear: La bicicletta è rossa.
You underline: o / i / <u>a</u> / e

1. o / i / a / e
2. o / i / a / e
3. o / i / a / e
4. o / i / a / e
5. o / i / a / e
6. o / i / a / e

2.1 L'aggettivo

CD1-20 **L'aggettivo al plurale.** Listen to the model sentence. Then form a new sentence by substituting the noun given as a cue and making all necessary changes. Repeat the response after the speaker.

Esempio   Gisella è italiana. (Franco e Gino)
Franco e Gino sono italiani.

1. _____
2. _____
3. _____
4. _____
5. _____
6. _____

2.2 *Buono* e *bello*

CD1-21 **A. Come sono buoni!** Answer each question, using the adjective **buono.** Then repeat the response after the speaker.

1. Esempio   Com'è il vino?
È un buon vino.

_____

_____

_____

2. Esempio Come sono i vini?
Sono buoni vini.

_____

_____

_____

CD1-22

B. Le belle foto dall'Italia. A friend is pointing out people and things to you in a photo. Respond by using **Che** plus the adjective **bello.** Then repeat the response after the speaker.

Esempio Ecco un giardino.
Che bel giardino!

1. _____   4. _____

2. _____   5. _____

3. _____   6. _____

2.3 *Avere* (To have)

CD1-23

A. *Avere* o *essere*? For each of the following sentences, underline the form of **avere** or **essere** that you hear, and then provide the corresponding infinitive. Each sentence will be repeated twice. If you do not recognize every word in a sentence, listen carefully for the verb.

Esempio You hear: Claudio? Lui è dottore? Che bravo!
You underline: è / ha
You write: *essere*

1. sono / hanno _____

2. sono / hanno _____

3. sei / hai _____

4. siete / avete _____

5. sei / hai _____

6. siamo / abbiamo _____

CD1-24

B. Che cosa hanno gli amici di Gina? Listen to the model sentence. Then form a new sentence by substituting the nouns or pronouns given. Repeat each response after the speaker.

Esempio Io ho un cane. (tu e Gina)
Tu e Gina avete un cane.

1. _____

2. _____

3. _____

4. _____

5. _____

6. _____

🔊
CD1-25

C. Che cosa non hanno gli studenti di Padova? Answer each question in the negative. Then repeat the response after the speaker.

Esempio   Avete una macchina voi?
No, noi non abbiamo una macchina.

1. _____
2. _____
3. _____
4. _____
5. _____

2.4 Frasi idiomatiche con *avere*

🔊
CD1-26

A. Io ho sete, e tu? Listen to the model sentence. Then form a new sentence by substituting the cue. Repeat the response after the speaker.

1. Esempio   sete
Non ha sete Lei?

_____
_____
_____
_____
_____
_____

2. Esempio   Luigi ha ragione. (anche tu)   *Anche tu hai ragione.*

_____
_____
_____
_____

🔊
CD1-27

B. Grazie, non ho bisogno di niente. It's the evening before an important test. Your roommate wants to help you and is asking if you need certain things. Answer her questions in the negative. Then repeat the response after the speaker.

Esempio   Hai bisogno di una penna?
No, non ho bisogno di una penna.

1. _____
2. _____
3. _____
4. _____
5. _____

🔊 CD1-28 **C. Una descrizione.** During a radio interview, Adriana Soleri, a young Italian novelist, talks about Camilla, the main character **(protagonista),** in several of her books. Listen to her description of Camilla, which will be repeated twice. Then indicate whether the following statements are true **(vero)** or false **(falso).**

Esempio You hear: La signora Soleri è di Livorno.
You underline: vero / <u>falso</u>

1. La signora Soleri scrive *(writes)* libri per ragazzi. vero / falso

2. La protagonista ha dodici anni. vero / falso

3. Camilla ha i capelli lunghi. vero / falso

4. Camilla ha gli occhi azzurri. vero / falso

5. Camilla ha una bici verde. vero / falso

6. Camilla non ha molti amici. vero / falso

7. Camilla non ha paura di niente. vero / falso

8. Camilla non ha mai *(never)* fame. vero / falso

9. Camilla ha sempre voglia di un gelato. vero / falso

10. Camilla è una ragazza noiosa. vero / falso

Adesso ascoltiamo!

🔊 CD1-29 **A. Dettato: Gina e Carmela.** Listen to this short description of two young women: Gina and Carmela. It will be read the first time at normal speed, a second time more slowly so that you can supply the missing adjectives, and a third time so that you can check your work. Feel free to repeat the process several times if necessary.

Ho due _____ amiche: Gina e Carmela. Gina è una ragazza

molto _____, ha _____ amici e ha un

gatto _____. Carmela è molto _____, ha i

capelli _____ e gli occhi _____; non ha un

gatto ma ha una bicicletta _____. Gina è _____, ma

Carmela è _____.

🔊 CD1-30 **B. All'Università di Bologna.** Listen as Gina tells her friend Carmela about her new professors at the start of the school year. Then complete the sentences that follow based on their conversation. The dialogue will be repeated twice.

1. Il professore di matematica è molto _____.

2. La professoressa d'italiano è molto _____.

3. Il professore di latino è _____.

4. Sono una studentessa _____.

All'università

3

Esercizi scritti

Le regioni d'Italia La Lombardia

Milano, Piazza del Duomo

A. Vero o falso? Read the following statements and decide whether they are true (**vero**) or false (**falso**). When false, provide the correct statement.

1. La Lombardia è la regione più popolata d'Italia.   vero   falso

2. Como è il capoluogo.   vero   falso

3. La Lombardia è nota per i suoi laghi.   vero   falso

4. La Lombardia è una regione industriale.   vero   falso

5. L'*Ultima cena* è un affresco di Michelangelo.   vero   falso

6. A Milano c'è solo una squadra di calcio, l'Inter.   vero   falso

_____

_____

_____

Nome _____ Data _____ Classe _____

B. Informazioni. Complete the sentences with the correct word from the list.

Borsa   moda   Pianura Padana   risotto   teatro

1. La Scala è un famoso _____ di Milano.
2. Il _____ allo zafferano è il piatto tipico della regione.
3. Milano è un centro finanziario, con la _____, una delle più importanti in Europa.
4. Milano è nota per la _____, grazie a famosi stilisti come Giorgio Armani e Prada.
5. La _____, l'ampia valle del fiume Po, si estende dal Piemonte alla Romagna.

Studio di parole Il sistema italiano degli studi

A. Che cosa studiano? The students listed below are studying the subjects indicated. What course does each one take?

1. Marco: Napoleone, Garibaldi

   _____

2. Luisa: Michelangelo, Leonardo da Vinci

   _____

3. Filippo: programmazione, linguaggio dei computer

   _____

4. Elisabetta: il cinese, il giapponese

   _____

5. Valeria: la produzione, il mercato

   _____

6. Alessio: Dante, Petrarca e Boccaccio

   _____

7. Marta: il comportamento (*behavior*) del bambino

   _____

8. Alberto: i mass media e la società

   _____

9. Anna: la politica, le elezioni

   _____

B. Un piccolo cruciverba (crossword puzzle)!

Orizzontali (Across):

3. Antonio studia il piano e la chitarra. Studia la …

4. È una stanza (room) per le lezioni: l'…

6. È un diploma universitario: la…

7. Una «A» è un bel…

9. È una persona che insegna, come (like) un maestro o un professore: un…

10. Amo i numeri e studio le equazioni e le formule. Studio la…

Verticali (Down):

1. Gli studenti studiano in…

2. Il… di autunno (fall) comincia in agosto e finisce (ends) in dicembre.

5. L'opposto di «presente» è…

8. È una scienza, inorganica e organica: la…

© Cengage Learning

Punti grammaticali

3.1 Verbi regolari in -are: il presente

A. Che cosa fanno i giovani italiani? Roberto describes some of his activities and those of his friends. Conjugate the verb in parentheses according to each subject.

1. (Io) (studiare) _____ ingegneria.

2. Liliana (lavorare) _____ in un ufficio.

3. Adriano ed io (cercare) _____ l'aula di fisica.

4. Antonio e Giovanni (mangiare) _____ un panino.

5. Giorgio (comprare) _____ i libri in libreria.

6. Tu e Antonella (domandare) _____: «Quando (incominciare)

   _____ le lezioni?»

7. Tu (spiegare) _____ il compito ai compagni quando sono assenti.

8. Gli amici (ascoltare) _____ la musica.

B. Le attività degli studenti. Describe the activities in the drawings.

1.   **2.**   **3.**   **4.**

5.   **6.**   **7.**   **8.**

A lezione

1. Alessandro _____ l'autobus.

2. Stefano _____ un nuovo compagno di classe.

3. Il professore _____ le formule di matematica.

4. Antonio _____ alla sua ragazza durante *(during)* la lezione.

Il weekend

5. Le amiche _____ al telefono.

6. I ragazzi _____ a basket.

7. Riccardo _____ la chitarra.

8. Laura _____ la televisione.

3.2 Le preposizioni

A. Di chi sono queste cose? Indicate the owner of each of the following things as in the example.

Esempio   (libro / professoressa)   *È il libro della professoressa.*

1. (appunti / studenti) _____

2. (pagine / dizionario) _____

3. (finestra / aula) _____

4. (quaderno / studentessa) _____

5. (storia / arte) _____

6. (giorno / esame scritto) _____

7. (biblioteca / università) _____

8. (i compiti / studente) _____

B. **Dove sono queste cose e persone?** Indicate where the following persons or things can be found, using the elements given.

Esempio   (dizionario / su / tavolo)   *Il dizionario è sul tavolo.*

1. (insegnante / a / conferenza)

_____

2. (libri / su / scaffali)

_____

3. (studenti / in / aula di chimica)

_____

4. (appunti / su / tavolo del professore)

_____

5. (lezione d'italiano / in / edificio di lingue straniere)

_____

6. (Franca e Maria / a / università)

_____

7. (studentesse / in / ufficio del professore)

_____

3.3   Le preposizioni avverbiali

A. **Dov'è l'hotel di Maria?** Indicate the spatial relationship between Maria's hotel and each of the following places.

Esempio   (davanti / museo)   *L'albergo è davanti al museo.*

1. (vicino / stazione) _____

2. (lontano / stadio) _____

3. (dietro / chiesa) _____

4. (lontano / giardini) _____

5. (davanti / posta) _____

B. A scuola. A. Look at the drawing and answer the following questions, using adverbial prepositions.

1. Dov'è la maestra? _____

2. Dov'è la lavagna? _____

3. Dov' è la studentessa? _____

C. Gli oggetti. Look at the drawing and describe where five objects are using adverbial prepositions.

Parole utili: il righello *(ruler)*, il portamatite *(pencilholder)*, lo zaino *(backpack)*

1. _____

2. _____

3. _____

4. _____

5. _____

3.4 *Quale? e che? (Which? and what?)*

A. Siamo più specifici, non capisco. A friend is asking you where the following things are, but you want him to be more specific. Follow the example.

Esempio Dov'è il libro? *Quale libro?*

1. Dov'è l'aula? _____

2. Dove sono gli appunti? _____

3. Dov'è la professoressa? _____

4. Dove sono le foto? _____

B. Che… ! React with an exclamation to the following statements, according to the example.

Esempio Marco è un ragazzo molto simpatico. *Che ragazzo simpatico!*

1. Franca è una studentessa molto intelligente. _____

2. I bambini di Maria sono molto disordinati *(messy)*. _____

3. Il mio amico è un ragazzo molto studioso. _____

4. Stefania è una ragazza molto elegante. _____

Come si dice in italiano?

1. *Here is a conversation between two roommates, Nina and Lori. They have the same art history class.*

_____

2. *You are very messy, Nina. You have books, papers, and other things on the floor.*

_____

3. *You're right. I am afraid because Professor Riva's exams are always difficult.*

_____

4. *Are you studying today?*

_____

5. *Yes. But first* (**prima**) *I need to go* (**di andare**) *to the library: I need two or three books.*

_____

6. *Which books?*

_____

7. *Three books on art history.*

_____

8. *There is a beautiful garden behind the library; if you wish, we (will) study there* (**là**) *together* (**insieme**).

_____

9. *It is a good idea. Let's go.*

_____

Vedute d'Italia Scuole di lingua italiana

David, Peter, and Lisa are taking an Italian language course in three different cities in Italy. Based on the school ads and the personal information provided for each student, answer the questions on page 33 in complete sentences.

ACCADEMIA ITALIANA

- Studiare l'italiano in Italia, a Bologna
- Lezioni di gruppo (Sei livelli - Massimo 10 studenti per classe)
- Lezioni private
- Corsi di cucina in italiano
- Visite guidate a Firenze e Ravenna
- Insegnanti laureati e qualificati per l'insegnamento della lingua straniera italiana agli stranieri.

Centro di lingua e cultura italiana

- **Da oltre 15 anni a Firenze, nel cuore del centro storico**

- **Corsi standard (minimo quattro settimane) 3–5 giorni alla settimana**

- **Corsi intensivi (minimo una settimana/6 ore al giorno)**

- **Corsi individuali**

- **Alloggio presso pensioni o residence**

Studioitalia Siena

❖ **A pochi passi da Piazza del Campo**

❖ **Corsi di italiano a tutti i livelli**

❖ **Corsi di conversazione**

❖ **Corsi di arte e storia dell'arte**

❖ **Alloggio presso una famiglia italiana o in appartamenti con altri studenti**

❖ **Borse di studio**

Courtesy of the authors

- David desidera abitare con una famiglia italiana e ama la storia dell'arte.
- Peter desidera essere indipendente e abitare in una pensione.
- Lisa desidera imparare a cucinare.

Domande

1. In quale scuola studia David? In quale città?

   _____

2. In quale scuola studia Peter? In quale città?

   _____

3. In quale scuola studia Lisa? In quale città?

   _____

4. Quali altre città visita Lisa?

   _____

5. Quale scuola ha borse di studio?

   _____

6. Peter frequenta un corso intensivo. Per quante ore al giorno ha lezione?

   _____

Esercizi orali

Studio di parole Il sistema italiano degli studi

🔊
CD1-31 **Alla biblioteca dell'Università di Napoli. Four friends, Maria, Lisa, Alberto, and Francesco have met at the library.** Listen to their conversation, which you will hear twice, focusing on what each person is studying today.

1. Maria studia _____.

   a. chimica

   b. storia

   c. matematica

   d. lingue straniere

   e. fisica

2. Lisa studia _____.

   a. chimica

   b. storia

   c. matematica

   d. lingue straniere

   e. fisica

3. Alberto studia _____.

   a. chimica

   b. storia

   c. matematica

   d. lingue straniere

   e. fisica

4. Francesco studia _____.

   a. chimica

   b. storia

   c. matematica

   d. lingue straniere

   e. fisica

Pronuncia

La lettera G

CD1-32 **Reminder.** The letter g has two sounds:

1. **G dura.** G has a hard sound /g/ when it is followed by the vowels **a, o,** and **u** and **all consonants.** Be careful with the combinations **ghi** /gi/ and **ghe** /ge/.

A. Listen and repeat the following words.

1. gatto	2. negozio	3. guardare	4. laghi	5. spaghetti
6. lunghe	7. Garda	8. lungo	9. alberghi	10. prego

2. **G dolce.** G has a soft sound /ǧ/ (as in "gentle") when it is followed by e and i.

B. Listen and repeat the following words.

1. pagina	2. gente	3. oggi	4. aggettivo	5. gelato
6. giraffa	7. regione	8. ingegneria	9. generoso	10. geografia

C. Repeat the following sentences after the speaker.

1. Ecco gli alberghi e i negozi!
2. Non c'è molta gente sul lago di Garda in gennaio.
3. Gino è a Genova.
4. — Mangi gli spaghetti?
   — No, Giovanni ed io mangiamo il gelato.
5. Gregorio è un ragazzo gentile e generoso.
6. Giulia ha ragione!
7. Che giornate lunghe!
8. Oggi è giovedì.

3.1 Verbi regolari in -are: il presente

CD1-33 A. **Cantiamo tutti come Bocelli.** Listen to the model sentence. Then form a new sentence by substituting the subject given. Repeat each response after the speaker.

Esempio   Bocelli canta bene. (io)   *Io canto bene.*

1. _____
2. _____
3. _____
4. _____
5. _____
6. _____

CD1-34 B. **Impariamo a fare domande.** Change each statement into a question. Then repeat the question after the speaker.

Esempio   Pietro compra un regalo.   *Compra un regalo Pietro?*

1. _____
2. _____
3. _____
4. _____
5. _____

🔊 **C. Impariamo a rispondere di no.** Answer each question in the negative. Then repeat the response after
CD1-35   the speaker.

Esempio   Mangi spaghetti tu?   *No, io non mangio spaghetti.*

1. _____

2. _____

3. _____

4. _____

5. _____

🔊 **D. Cosa fanno gli studenti?** Listen to the descriptions of what various people are doing right now. Then
CD1-36   match their actions to the scenes below by writing the letter of the drawing that corresponds to each
statement. You will hear each statement twice.

1. _____

2. _____

3. _____

4. _____

5. _____

6. _____

7. _____

8. _____

9. _____

10. _____

a. b. c.

d. e. f.

g. h. i. j.

© Cengage Learning

3.2 Le preposizioni

A. Dove sono e cosa fanno Anna e Carlo? Listen to the following statements and indicate which preposition—**a, in,** or **di**—is used in each case. Each statement will be repeated twice.

Esempio   You hear: Luca abita a Milano.
                You underline: <u>a</u> / in / di

1. a / in / di   4. a / in / di

2. a / in / di   5. a / in / di

3. a / in / di   6. a / in / di

B. Le preposizioni articolate: *sul, sulla*? Look at the drawing below and listen to the related statements. Indicate whether each is true **(vero)** or false **(falso)** by placing a checkmark beside the correct answer. Each sentence will be repeated twice.

Esempio   You hear: Il dizionario è sul tavolo.
                You write a checkmark beside: vero ____✓____ falso _____

1. vero _____ falso _____

2. vero _____ falso _____

3. vero _____ falso _____

4. vero _____ falso _____

5. vero _____ falso _____

🔊 **C. Di chi sono queste stanze?** Paolo lives in a huge villa and is showing his friends the different rooms. Recreate
CD1-39 Paolo's statements, using the cue and following the example. Then repeat the response after the speaker.

Esempio il papà
È la stanza del papà.

1. _____
2. _____
3. _____
4. _____
5. _____
6. _____

3.3 Le preposizioni avverbiali

🔊 **A. Descriviamo l'Università di Parma.** Listen to the description of the University of Parma to learn where
CD1-40 each of the buildings mentioned is. Then provide the missing preposition in each of the sentences
below. Each description will be repeated twice.

1. La biblioteca è _____ alla Facoltà di Lingue straniere.

2. La libreria è _____ la biblioteca.

3. Il ristorante Da Pino è _____ alla Facoltà di Matematica.

4. La Facoltà di Ingegneria è _____ la libreria.

5. La Facoltà di Matematica è _____ dalla biblioteca.

🔊 **B. Dov'è Pierino?** Pierino is a child who likes to play in his garage. Retrace his movements, using the cue.
CD1-41 Then repeat the response after the speaker.

Esempio dentro
Pierino è dentro la macchina.

1. _____
2. _____
3. _____
4. _____
5. _____

🔊 **C. Lucia visita la città di Verona.** Lucia is visiting a new city and is asking about different places. Using
CD1-42 the cues, answer each of her questions. Then repeat the response after the speaker.

Esempio Il museo è vicino all'università? (no / lontano)
No, è lontano dall'università.

1. _____
2. _____
3. _____
4. _____

3.4 *Quale? e Che? (Which? and what?)*

CD1-43 **A. Che cosa significa?** A friend is asking you where the following things are, but you want him/her to be more specific by asking **Quale... ?** Repeat the response after the speaker.

Esempio Dov'è il parco? *Quale parco?*

1. _____

2. _____

3. _____

4. _____

5. _____

CD1-44 **B. Di che tipo?** A friend is making a statement about the following things, but you want him/her to be more specific by asking **Che... ?** Repeat the response after the speaker.

Esempio Oggi io ho una lezione.
Che lezione?

1. _____

2. _____

3. _____

4. _____

Adesso ascoltiamo!

CD1-45 **A. Dettato: La stanza di Marco.** Listen to the description of Marco's room at the University of Parma. It will be read the first time at normal speed, a second time more slowly so that you can supply the missing words, and a third time so that you can check your work. Feel free to repeat the process several times if necessary.

Marco abita _____ un nuovo _____ in via Garibaldi, molto

_____ all'università. La stanza di Marco è molto _____ e lui

ha un compagno di stanza che si chiama Alberto.

Ci sono due _____, una finestra dà _____ un bel

parco, l'altra finestra invece dà _____ strada. Nella stanza ci sono due

_____, due _____ e due scrivanie. _____

scrivanie ci sono molti oggetti: carte, _____, libri, _____,

una lampada e un computer. Alle pareti e sulla _____ ci sono poster di cantanti

rock, perché Marco e Alberto _____ la musica rock e _____

la chitarra. Sul pavimento ci sono molti fogli di carta. La stanza è disordinata perché Marco e Alberto

sono molto occupati: sono studenti di _____ all'Università di Parma e, quando

sono liberi, _____. Marco lavora in un negozio vicino _____,

mentre Alberto lavora _____.

🔊 **B. Com'è la stanza di Liliana?** Listen now to the description of Liliana's room and answer the following
CD1-46 questions. You will hear the description twice.

1. È in un nuovo edificio la stanza di Liliana?

   _____

2. È grande la stanza di Liliana?

   _____

3. Ha una compagna di stanza?

   _____

4. Che mobili (*furniture*) ci sono nella stanza?

   _____

5. Quali oggetti ci sono sul tavolo?

   _____

6. Perché Liliana ha molte foto di panorami alle pareti?

   _____

7. È ordinata la stanza di Liliana?

   _____

8. Che cosa studia Liliana all'Università di Padova?

   _____

9. Chi vede quando è libera?

   _____

A tavola

4

Esercizi scritti

Le regioni d'Italia Il Trentino-Alto Adige

Le Dolomiti in Val di Fassa

A. Vero o falso? Read the following statements and decide whether they are true **(vero)** or false **(falso)**. When false, provide the correct statement.

1. Il Trentino-Alto Adige è una regione molto popolata.   vero   falso

2. Molti abitanti dell'Alto Adige parlano francese.   vero   falso

3. Il Sassolungo è una montagna.   vero   falso

4. Il turismo è importante per l'economia della regione.   vero   falso

5. Le mele sono tra i prodotti tipici della regione.   vero   falso

6. Piazza Walther è a Trento.   vero   falso

_____

_____

_____

B. Informazioni. Complete the sentences with the correct word from the list.

Austria   Dolomiti   tedesco   lago   sci   strudel

1. Lo _____ di mele è un dolce.

2. Molte persone in Alto Adige sono bilingui e parlano italiano e _____.

3. Le _____ fanno parte delle Alpi orientali.

4. Il Trentino-Alto Adige confina con l'_____.

5. Il _____ di Resia è un bacino artificiale.

6. Lo _____ è uno sport che si pratica sulle montagne del Trentino-Alto Adige.

Studio di parole Pasti e piatti

A. Il menù. Give the appropriate title to each group of dishes. Choose from the following list: **dolci, antipasti, pesce, secondi di carne, frutta, contorni, primi piatti.**

1. _____: patate fritte, insalata verde, insalata mista

2. _____: risotto allo zafferano, spaghetti alle vongole, tortellini alla panna

3. _____: prosciutto e melone, salmone affumicato, bruschetta

4. _____: bistecca alla griglia, scaloppine al marsala, pollo alla diavola

5. _____: zuppa inglese, torta della nonna, gelato in coppa

6. _____: sogliola alla mugnaia, trota al burro, calamari fritti

7. _____: macedonia, frutta di stagione, frutta secca

B. Abitudini alimentari. Complete the following statements with your own preferences.

1. **A casa**

   a. A colazione prendo _____.

   b. A pranzo mangio _____.

   c. A cena bevo _____.

2. **Al ristorante**

   a. Come antipasto prendo _____.

   b. Come primo piatto prendo _____.

   c. Come secondo piatto prendo _____.

   d. Come contorno prendo _____.

   e. Bevo _____.

3. **Al bar**

   a. A colazione prendo _____.

   b. A pranzo prendo _____.

   c. Bevo _____.

   d. Nel pomeriggio prendo _____.

Punti grammaticali

4.1 Verbi regolari in *-ere* e *-ire:* il presente

A. Cosa fanno queste persone? The following are activities that take place in a restaurant. Complete each sentence with the appropriate form of the verb in parentheses.

1. (servire) Il cameriere _____ la cena.

2. (prendere) Gli amici _____ un gelato.

3. (aprire) (Io) _____ le finestre perché ho caldo.

4. (ricevere) Noi _____ dei regali di compleanno.

5. (offrire) La mamma _____ del succo d'arancia ai bambini.

6. (scrivere) Tu e Mario _____ un'e-mail al professore di scienze.

7. (chiudere) Il ristorante _____ il lunedì.

8. (partire) Il treno per Roma _____ tra *(in)* dieci minuti.

9. (mettere) Gli studenti _____ gli zaini sotto il tavolo.

B. Che cosa fanno gli amici italiani? Describe what the people in the drawings are doing.

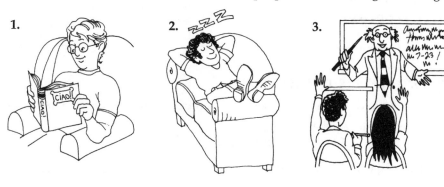

1. Roberto _____ .

2. Stefano _____ .

3. Gli studenti _____ alla domanda del professore.

4. Antonella _____ l'aereo.

5. La signora Pergami _____ al telefono.

C. Al caffè dell'Università di Torino. The following sentences are fragments of conversations that one might hear at a café frequented by students. Answer each question with a logical sentence, as if you were in that café.

Esempio   Io leggo il libro d'italiano. E voi?
Noi leggiamo il libro di storia.

1. Stasera io vedo un film di Bertolucci. E voi?

   _____

2. Lui segue tre corsi. E tu?

   _____

3. Lo zio di Pietro vive a New York. E gli zii di Carlo?

   _____

4. Io chiedo soldi a papà. E voi?

   _____

5. Noi prendiamo un caffè. E tu?

   _____

6. I bambini credono a Babbo Natale *(in Santa)*. E tu?

   _____

4.2 Verbi in *-ire* con il suffisso *-isc-*

A. Cosa fanno nella famiglia di Marco? Complete each sentence with the appropriate form of the verb.

Esempio   Tu finisci presto. Anche Marco _____
Anche Marco **finisce presto.**

1. Io restituisco i libri alla biblioteca. Anche loro _____.

2. Voi capite la lezione. Anch'io _____.

3. Tu preferisci la musica classica. Anche noi _____.

4. Noi finiamo di studiare a mezzogiorno *(at noon)*. Anche voi _____.

5. Maria pulisce la stanza. Anche loro _____.

B. Non tutti fanno le stesse cose. Show that there is disagreement between the people below by completing each sentence with the appropriate form of the verb.

Esempio   Io finisco i compiti presto, mentre *(while)* il mio compagno _____ i compiti tardi.
Io finisco i compiti presto, mentre il mio compagno **finisce** i compiti tardi.

1. Tu finisci il lavoro presto *(early)*, mentre noi _____ tardi *(late)*.

2. Io restituisco sempre *(always)* i soldi, ma lei _____ i soldi raramente.

3. Non capisco le formule, ma tu e Daniela _____ la matematica molto bene.

4. Io preferisco il golf, mentre gli amici _____ il tennis.

4.3 Il partitivo *(some, any)*; *alcuni, qualche, un po' di*

A. Di che cosa ho bisogno per il pranzo? Complete the following with **di** plus the correct form of the article.

Esempio _____ birra.
              Ho bisogno della birra.

Oggi io preparo il pranzo e ho bisogno _____ acqua minerale e _____ vino,

_____ pane, _____ spaghetti, _____ pomodori, _____

carne, _____ zucchini, _____ , caffè, _____ zucchero e _____

spumante.

B. Più di uno. Answer each question, replacing the article with the partitive and making the necessary changes.

Esempio Hai una buona ricetta?
            Sì, ho delle buone ricette.

1. Hai una mela matura *(ripe)*?

    _____

2. C'è un cliente nel negozio?

    _____

3. C'è una bottiglia di Coca-Cola in frigo *(fridge)*?

    _____

4. Avete un dolce per stasera *(tonight)*?

    _____

5. Invitate un amico a cena?

    _____

6. C'è un ristorante italiano in centro?

    _____

C. Facciamo o non facciamo queste cose? Answer each question in the affirmative or the negative and replace the article with the partitive when necessary.

Esempio Hai degli amici? (sì / no)
            Sì, ho degli amici. / No, non ho amici.

1. Offrite della torta? (sì)

    _____

2. Servi del gelato? (no)

    _____

3. Scrivi delle e-mail? (sì)

    _____

4. Prendi del caffè? (no)

_____

5. Hai degli esami oggi? (no)

_____

6. Leggete dei libri di cucina? (sì)

_____

D. Usiamo *qualche*. Answer each question in the affirmative, replacing the partitive with **qualche** and making the necessary changes.

Esempio   Ci sono dei regali?
           Sì, c'è qualche regalo.

1. Scrivi delle lettere?

_____

2. Avete delle patate?

_____

3. Ci sono dei motorini nella strada?

_____

4. Ricevi dei regali di compleanno?

_____

E. Usiamo *un po' di*. Answer each question in the affirmative and replace the partitive with **un po' di.**

Esempio   C'è del pane?
           Sì, c'è un po' di pane.

1. Mangi del prosciutto?

_____

2. Comprate del formaggio?

_____

3. Prendi del vino?

_____

4. C'è del pollo nel frigo?

_____

4.4 *Molto, tanto, troppo, poco, tutto, ogni*

A. Ci sono molte cose. Answer each question by replacing the partitive with the correct form of **molto.**

Esempio   Voi comprate della pasta?
              Sì, noi compriamo molta pasta.

1. Hai delle ricette?

   _____

2. C'è del latte nel frigo?

   _____

3. Ricevete degli sms?

   _____

4. Hai del tempo libero (*free*)?

   _____

B. Ci sono poche cose. Answer in the negative using the correct form of **poco.**

Esempio   Hai tanti amici?   *No, ho pochi amici.*

1. Lavorate molte ore?

   _____

2. Compri molti dolci?

   _____

3. Mangiate molta carne?

   _____

4. Metti molto burro nella torta?

   _____

C. Ci sono troppe cose. Rewrite each sentence using **troppo.** Follow the example.

Esempio   Io mangio degli spaghetti.   *Io mangio troppi spaghetti.*

1. Voi prendete del caffè a colazione.

   _____

2. Franca cucina dei dolci.

   _____

3. Noi mangiamo delle patate fritte.

   _____

4. C'è molto zucchero nella torta.

   _____

D. Facciamo tutto. Ans Answer each question using the correct form of **tutto.**

    Esempio   Arrivano gli invitati?   *Sì, arrivano tutti gli invitati.*

    1. I bambini mangiano il gelato?

    _____

    2. Gli studenti fanno i compiti?

    _____

    3. Rispondete alle domande?

    _____

    4. Mangiate la pizza?

    _____

E. *Ogni* al posto di *tutti/e.* Answer each question, replacing **tutti/tutte** with **ogni.**

    Esempio   Arrivate a scuola tutti i giorni?   *Sì, arriviamo a scuola ogni giorno.*

    1. Guardate la televisione tutte le sere?

    _____

    2. Frequenti tutte le lezioni?

    _____

    3. Lavorate tutti i giorni?

    _____

    4. Inviti tutti gli amici alla festa?

    _____

Come si dice in italiano?

    1. *Today Mr. and Mrs. Buongusto are eating in a restaurant.*

    2. *The waiter brings the menu and says* **(dice):** *"Today we don't have roast veal, but we have very good scaloppine al marsala."*

    3. *They order spaghetti with tomato sauce, two steaks, green salad, and a bottle of red wine.*

    4. *While* **(Mentre)** *they are waiting, Mr. and Mrs. Buongusto talk about* **(parlare di)** *some friends.*

    5. *We don't have many friends, but we do have good friends.*

    6. *Why don't we invite Ornella and Paolo to* **(a)** *play tennis with us* **(noi)** *tomorrow? They are good because they play every day.*

    7. *Mr. Buongusto is very hungry and he eats a lot.*

    8. *At the end, Mr. Buongusto pays the bill.*

    9. *"Are you forgetting the tip for the* **(al)** *water?" asks Mrs. Buongusto.*

Vedute d'Italia Un menù

Imagine that you are an Italian chef and restaurant owner. Create a menu for today's dinner by filling out the template provided. Be creative!

Ristorante da _____. *(your name)*

Menù del giorno: _____ *(today's date)*

Antipasti

- _____
- _____
- _____

Primi piatti

- _____
- _____
- _____

Secondi piatti

- _____
- _____
- _____

Contorni

- _____
- _____
- _____

Dessert

- _____
- _____
- _____

Bevande

- _____
- _____
- _____

Courtesy of the authors

Esercizi orali

Studio di parole Pasti e piatti *(Meals and dishes)*

🔊 **A. Al ristorante «Bell'Italia».** You will hear four short conversations that take place at a restaurant in Italy.
CD2-2 Match each conversation with the appropriate description. You will hear each conversation twice.

1. _____ Due amici pranzano in un caffè.

2. _____ Due amici ordinano qualcosa *(something)* da bere al bar.

3. _____ Due amici fanno colazione al bar.

4. _____ Due amiche ordinano un antipasto e un secondo con contorno.

🔊 **B. Cosa ordinano?** Listen again to the four conversations among customers at a restaurant. Then answer
CD2-3 the following questions. You will hear each conversation twice.

Dialogue A

1. Che cosa mangiano le due amiche al ristorante?

   _____

   _____

2. Che cosa ordinano da bere?

   _____

Dialogue B

1. Come si chiamano i due amici?

   _____

2. Chi ordina una pizzetta?

   _____

Dialogue C

1. Quale dei due amici offre l'aperitivo?

   _____

2. Che cosa ordina Lorenzo alla fine *(at the end)*?

   _____

Dialogue D

1. Che cosa ordinano Antonio e Carla?

   _____

2. Perché Carla non ordina un caffè?

   _____

4.1 Verbi regolari in -*ere* e -*ire*: il presente

🔊 **A. Noi leggiamo molto.** Listen to the model sentence. Then form a new sentence by substituting the
CD2-4   subject given. Repeat the response after the speaker.

Esempio   Io leggo molti libri. (tu)
Tu leggi molti libri.

1. _____

2. _____

3. _____

4. _____

🔊 **B. Quanto dormono a casa di Luisa!** Listen to the model sentence. Then form a new sentence by substituting
CD2-5   the noun or pronoun given and making all necessary changes. Repeat the response after the speaker.

Esempio   Quante ore dormi tu? (Luisa)
Quante ore dorme Luisa?

1. _____

2. _____

3. _____

4. _____

5. _____

🔊 **C. Rispondiamo alle domande di Marisa.** Marisa is asking Gianna about things she and her friends
CD2-6   are doing. Use the cue and follow the example to answer each of Marisa's questions. Then repeat the
response after the speaker.

Esempio   Leggi il giornale adesso? (no)
No, non leggo il giornale adesso.

1. _____

2. _____

3. _____

4. _____

5. _____

6. _____

D. Le attività degli studenti. Listen as each person describes his/her favorite activity. Then write in the person's name below the illustration of that activity. You will hear each description twice.

CD2-7

a. _____   b. _____   c. _____

d. _____   e. _____   f. _____

© Cengage Learning

4.2 Verbi in -*ire* con il suffisso -*isc*-

A. Cosa fanno gli studenti del tuo corso d'italiano? Listen as Laura describes what some of her schoolmates are doing this afternoon. Then indicate which form of one of the following verbs—**capire, preferire, finire, pulire, restituire**—is used in each statement. You will hear each sentence twice.

CD2-8

Esempio   You hear: Carlo finisce i compiti.
　　　　　You underline: capisce / preferisce / <u>finisce</u> / pulisce / restituisce

1. capiscono / preferiscono / finiscono / puliscono / restituiscono

2. capisci / preferisci / finisci / pulisci / restituisci

3. capiamo / preferiamo / finiamo / puliamo / restituiamo

4. capite / preferite / finite / pulite / restituite

5. capisce / preferisce / finisce / pulisce / restituisce

6. capisco / preferisco / finisco / pulisco / restituisco

B. Oggi tutti non capiscono niente! Listen to the model sentence. Form a new sentence by substituting the subject given. Then repeat the response after the speaker.

CD2-9

Esempio   Io non capisco la domanda. (tu)
　　　　　Tu non capisci la domanda.

1. _____

2. _____

3. _____

4. _____

C. Cosa preferiscono fare i familiari di Piero? Using the cues, state how the following people prefer to spend their time. Then repeat the response after the speaker.

CD2-10

Esempio Tu preferisci viaggiare. (Piero / leggere) *Piero preferisce leggere.*

1. _____

2. _____

3. _____

4. _____

5. _____

4.3 Il partitivo *(some, any); alcuni, qualche, un po' di*

A. L'ora del tè a casa della nonna. Listen to the preferences expressed by guests during tea time at grandma's house. Then indicate which of the following—**alcuni/e, qualche,** or **un po' di**—is used in each case. You will hear each statement twice.

CD2-11

Esempio You hear: Piero prende un po' di acqua minerale.
You underline: alcuni/e / qualche / <u>un po' di</u>

1. alcuni/e / qualche / un po' di   4. alcuni/e / qualche / un po' di

2. alcuni/e / qualche / un po' di   5. alcuni/e / qualche / un po' di

3. alcuni/e / qualche / un po' di   6. alcuni/e / qualche / un po' di

B. Che cosa ordiniamo al ristorante? Complete the model sentence by using the cue and the appropriate partitive. Repeat each response after the speaker.

CD2-12

Esempio Noi ordiniamo… (vino) *Noi ordiniamo del vino.*

1. _____

2. _____

3. _____

4. _____

5. _____

6. _____

C. Non siamo specifici. Answer each question affirmatively, replacing the article with the appropriate partitive. Repeat each response after the speaker.

CD2-13

Esempio Servi la carne? *Sì, servo della carne.*

1. _____

2. _____

3. _____

4. _____

5. _____

4.4 *Molto, tanto, troppo, poco, tutto, ogni*

🔊 **A. Al supermercato.** Listen to the following statements overheard at a supermarket and indicate which
CD2-14 form of **molto—molto, molta, molti, molte**—is used in each case. You will hear each statement twice.

Esempio   You hear: Paolo mangia molta pasta.
You underline: molto / <u>molta</u> / molti / molte

1. molto / molta / molti / molte
2. molto / molta / molti / molte
3. molto / molta / molti / molte
4. molto / molta / molti / molte
5. molto / molta / molti / molte
6. molto / molta / molti / molte

🔊 **B. Troppo da fare!** Modify each sentence by replacing the definite article with the correct form of **troppo**.
CD2-15 Repeat each response after the speaker.

Esempio   Noi abbiamo i compiti.
Noi abbiamo troppi compiti.

1. _____
2. _____
3. _____
4. _____

Adesso ascoltiamo!

🔊 **A. Dettato: La festa di compleanno di Gabriella.** Listen as Filippo describes Gabriella's birthday party.
CD2-16 His description will be read the first time at normal speed, a second time more slowly so that you can
supply the missing words, and a third time so that you can check your work. Feel free to repeat the
process several times if necessary.

Oggi Gabriella compie _____ anni: È un giorno _____ importante. Ci sono

_____ amici alla festa. Marcello porta _____ bottiglie di spumante. Liliana

porta dei _____ al prosciutto, mentre Antonio _____ la chitarra alla festa,

perché lui è sempre al verde. Io invece porto del _____ rosso e una _____

Motta. Lucia prepara un _____ con le _____. È una bella festa!

🔊 **B. Gabriella organizza la sua festa di compleanno.** Listen as Gabriella discusses with her mother how to
CD2-17 organize her birthday party. Feel free to listen to the dialogue several times if necessary. Then answer
the following questions.

1. Chi invita Gabriella? _____
2. Perché Gabriella invita solo cinque amici? _____
3. Che antipasto prepara Gabriella? _____
4. Chi porta l'arrosto? _____
5. Chi porta i panini al prosciutto? _____
6. Chi porta il dolce? _____

Tempi moderni

5

Esercizi scritti

Le regioni d'Italia Il Veneto

Il Canal Grande a Venezia

A. Vero o falso? Read the following statements and decide whether they are true **(vero)** or false **(falso)**. When false, provide the correct statement.

1. Verona è il capoluogo regionale.	vero	falso
2. Il Veneto ha una popolazione di circa 5 000 000 di abitanti.	vero	falso
3. Il Veneto è una regione povera.	vero	falso
4. Murano è famosa per il vino.	vero	falso
5. A Padova c'è un'antica università.	vero	falso
6. Il baccalà alla vicentina si serve con la polenta.	vero	falso

_____

_____

_____

B. Informazioni. Complete the sentences with the correct word from the list.

Andrea Palladio   laguna   gondole   vetro   inondazioni   isola   ville

1. Murano, una piccola _____ vicino a Venezia, è nota per la lavorazione

   del _____.

2. _____ è un importante architetto del XVI secolo, famoso per le

   _____ in stile neoclassico.

3. Venezia sorge (*rises*) su una _____.

4. A Venezia ci sono spesso _____, a causa dell' (*because of*) alta marea e dei venti.

5. Le _____ sono le barche a remi (*rowing boats*) tipiche di Venezia.

Studio di parole Il telefono e il computer

A. Cruciverba

© Cengage Learning

Orizzontali

1. È il numero che si usa per fare una telefonata interurbana: il _____.

4. Il simbolo «@» in italiano è la _____.

6. Quando una persona non risponde al telefono lasciamo un _____.

7. Il telefonino è un telefono _____.

8. Quando sono assente, ho bisogno di _____ un'e-mail al professore/alla professoressa.

Verticali

2. Usiamo la _____ per stampare un documento.

3. Abbiamo bisogno di comprare una _____ per parlare con il telefonino.

5. Il _____ Web di YouTube ha moltissimi video.

B. Una telefonata. Carlo calls Filippo to make plans for the evening. Put their conversation in the proper order by numbering their statements from 1 to 7.

_____ — Oh, ciao Carlo!

_____ — Ciao.

_____ — Pronto?

_____ — Cosa facciamo stasera?

_____ — D'accordo. A stasera.

_____ — Perché non andiamo al cinema?

_____ — Pronto! Sono Carlo.

Punti grammaticali

5.1 Verbi irregolari in -are

A. Tutti al mare (*Everybody is going to the beach*)! Complete the paragraph with the correct form of the verb **andare.**

Oggi è una bella giornata e noi _____ al mare. (Io) _____

in macchina con degli amici. Marco e Antonio _____ in vespa. Alessandra

_____ in motorino. E tu, come _____ al mare?

B. Cosa fanno queste persone? Complete each sentence using the appropriate form of **andare, dare, stare,** or **fare.**

1. Tu e Marisa _____ al cinema sabato sera?

2. Ogni pomeriggio i ragazzi _____ i compiti.

3. Quando ho i soldi, (io) _____ a teatro.

4. La lezione _____ per cominciare.

5. Oggi Antonio non _____ bene, ha il raffreddore (*a cold*).

6. (Noi) _____ del «Lei» al professore/alla professoressa d'italiano.

7. Marco _____ gli appunti della lezione ad Antonio.

8. Venerdì sera i signori Castelli _____ al ristorante.

C. Che cosa fanno? Look at the drawings and describe what the people are doing, using **fare** with an idiomatic expression.

3.

1.

2.

4.

5.

1. Il signor Jones _____ a casa. Mangia le uova strapazzate (*scrambled*).

2. I due amici _____ con la macchina nuova di Matteo.

3. Margherita _____ in aereo.

4. La signorina _____ a un'amica.

5. Roberto _____ ogni mattina.

D. Molte attività. Complete the sentences with the correct form of the verb **fare** and one of the following expressions: **fare attenzione, fare la spesa, fare le spese, fare una foto, fare una passeggiata, fare un regalo.**

1. Le amiche vanno al centro commerciale (*mall*) e _____.

2. Nora ed io andiamo al supermercato e _____.

3. I turisti visitano Venezia e _____ del Canal Grande.

4. Tu sei un bravo studente/una brava studentessa e _____ in classe.

5. (Io) _____ a Mirella perché oggi è il suo compleanno.

6. Dopo cena i signori Maffei _____ con il cane Birba.

5.2 I giorni della settimana

Quali giorni? Complete each sentence by indicating the days of the week associated with the following activities or holidays. Use the appropriate form of the definite article when necessary.

1. Gli studenti americani non vanno a scuola _____ e

   _____.

2. Il giorno di Thanksgiving è sempre l'ultimo (*last*) _____ di novembre.

3. La giornata di Martin Luther King è sempre il terzo (*third*) _____ di gennaio.

4. La settimana di uno studente incomincia _____ e finisce

   _____.

5. Molti Italiani vanno in chiesa _____.

5.3 *Quanto?* e i numeri cardinali

A. Formiamo delle domande. Ask the questions that would elicit the following answers.

Esempio Abbiamo due gatti.
Quanti gatti avete?

1. Noi seguiamo quattro corsi.

   _____

2. 7 x 7 fa 49.

   _____

3. I Rossi hanno due macchine.

   _____

4. Il trimestre dura (*lasts*) dieci settimane.

   _____

5. Alberto ha ventun anni.

   _____

6. Ci sono 30 giorni in aprile.

   _____

B. Scriviamo i numeri in italiano. Write the following sentences in Italian, spelling out the numbers.

1. *There are 25 students in the class.*

   _____

2. *There is a movie theatre downtown.*

   _____

3. *There are 28 days in February.*

   _____

4. *There are about (circa) 60 million inhabitants in Italy.*

   _____

5. *There is one cat on the chair.*

   _____

6. *Do you have forty dollars?*

   _____

C. **Quanto fa?** Write out the answers to the following arithmetic problems.

Esempio   12 + (**più**) 24 = (**fa**) *Dodici più ventiquattro fa trentasei.*

1. 33 + 15 = _____

2. 62 − (**meno**) 11 = _____

3. 25 × (**per**) 4 = _____

4. 2.000 : (**diviso**) 4 = _____

D. **Quanto costa?** Mirella wants to buy a present for her boyfriend and is asking you how much each item costs.

Esempio   Quanto costa una motocicletta? (2000 euro)
                 Una motocicletta costa duemila euro.

Quanto costa…

1. una bicicletta? (250 euro)

   _____

2. un viaggio in Italia? (1500 dollari)

   _____

3. un orologio (*watch*) Gucci? (800 euro)

   _____

4. una cena al ristorante? (35 euro)

   _____

E. **Quanti sono?** Write out the answers to the following questions.

1. Quanti giorni ci sono in un anno?

   _____

2. Quanti anni ci sono in un secolo (*century*)?

   _____

3. Quante settimane ci sono in un anno?

   _____

4. Quanti giorni ci sono nel mese di gennaio?

   _____

5. Quanti anni hai?

   _____

5.4 I mesi e la data

A. Quando partono e quando ritornano? Write out the departure and arrival dates of each person, using a complete sentence.

Esempio Piero: 26/12–3/1
Piero parte il ventisei dicembre e ritorna il tre gennaio.

1. Mirella: 11/7–1/9

    _____

2. i signori Lamborghini: 15/4–21/6

    _____

3. Marcello: 14/8–31/10

    _____

4. il Presidente: 21/2–1/3

    _____

B. Quando sono nate le seguenti persone famose? Write out the year in which each person was born, using a complete sentence.

Esempio George Washington (1732)
George Washington nacque (was born) nel millesettecentotrentadue.

1. Dante Alighieri (1265) _____

2. Michelangelo Buonarroti (1475) _____

3. Galileo Galilei (1564) _____

4. Giuseppe Garibaldi (1807) _____

Come si dice in italiano?

1. *On Fridays, Giulia walks* **(andare a piedi)** *to the university with Maria.*

2. *Today, however, Maria stays home because she is not well; so Giulia goes to the university on the bus.*

3. *At the library, she sees a friend: "Hi Paola. What are you doing here?"*

4. *I am reading a book on* **(sull')** *Italian art.*

5. *How many classes are you taking this* **(questo)** *quarter?*

6. *Three: a psychology class, an English class, and an art history class.*

7. *In the afternoon, Giulia takes a walk and then makes a phone call to Maria.*

8. *Maria answers: "Hello? Who is speaking?"*

9. *This is (I am) Giulia. How are you?*

10. *I am fine now, thank you.*

11. *Are we going to Gianni's party on Sunday?*

12. *Sorry, but on Sunday I go to the movies with my little sister* **(la mia sorellina).**

Vedute d'Italia   Attività per il weekend

You are about to read what young people (and not so young people) like to do on weekends. First read the description of the four activities pictured here, then answer the questions that follow.

Andiamo al cinema? Gli Italiani di tutte le età vanno al cinema durante il weekend, specialmente in inverno *(winter)*. Altri preferiscono restare a casa e guardare un bel film in DVD.

Andiamo al cinema

Le partite di calcio *(Soccer games)*. Il calcio è lo sport più popolare in Italia. Il sabato o la domenica molti tifosi *(fans)* vanno allo stadio a vedere giocare la squadra *(team)* preferita o guardano le partite alla televisione. Il lunedì mattina tutti discutono sui risultati al lavoro o all'università.

Le partite di calcio

Una giornata al mare (*A day at the beach*). Quando arriva la bella stagione *(nice weather)*, molti Italiani fanno una gita al mare durante il weekend. Ogni domenica c'è molto traffico lungo le strade che portano alle spiagge *(beaches)* e alle località balneari *(seaside resorts)*. Al mare la gente si rilassa *(people relax)*, fa un giro in barca *(boat)*, prende il sole *(sunbathe)* e nuota *(swim)* nel mare.

Una giornata al mare

Sabato sera in discoteca. Per i giovani la discoteca è una delle attività preferite per il sabato sera. Incontrano gli amici per ballare (dance), ascoltare musica e stare in compagnia (hang out).

Sabato sera in discoteca

A. Domande. Read the four paragraphs a second time and answer the following questions.

1. In quale stagione (season) la gente (people) preferisce andare al cinema? _____

2. Cosa preferiscono fare molti invece di (instead of) andare al cinema? _____

3. Come si chiamano gli appassionati di uno sport? _____

4. Che cosa fanno gli Italiani appassionati di calcio il weekend? _____

5. Dove vanno molti Italiani quando arriva la bella stagione? _____

6. Che cosa c'è lungo le strade che portano al mare? _____

7. Che cosa fa la gente al mare? _____

8. Dove vanno molti giovani il sabato sera? _____

9. Che cosa fanno in discoteca? _____

B. E tu? Write a short paragraph describing your favorite activities for the weekend. Vai al cinema? Preferisci guardare i DVD a casa? Che sport ti piace? Guardi le partite? Vai allo stadio? Quale squadra preferisci? Fai una gita al mare? Con chi? Vai in macchina? Che cosa fai al mare? Incontri gli amici in discoteca? Ti piace ballare?

_____

_____

_____

_____

_____

_____

_____

_____

_____

Esercizi orali

Studio di parole Il telefono e il computer

 Prendiamo messaggi telefonici. You are house-sitting for Italian friends over the weekend and take
CD2-18 two phone messages for members of the family. Complete the following message slips with the basic
information. You will hear each phone call twice.

1.

Messaggio importante

Per chi?_____

Chi telefona?_____

Messaggio:_____

_____

_____

_____

_____

2.

Messaggio importante

Per chi?_____

Chi telefona?_____

Messaggio:_____

_____

_____

_____

_____

Pronuncia

The clusters SC and SCH
CD2-19

The cluster SC has a soft sound /š/(as in "shell") when followed by the vowels **e** and **i.**

The cluster SCH has a hard sound /sk/ when followed by the vowels **e** and **i.**

A. Listen and repeat the following words.

1. pesce 2. finisce 3. sci 4. maschile 5. boschi

6. scena 7. scemo 8. piscina 9. schermo 10. dischi

B. Repeat the following sentences after the speaker.
CD2-20

1. Per cena compro del pesce e delle pesche.

2. A Michele regaliamo dei dischi e gli sci nuovi.

3. Lo schermo del computer portatile è piccolo.

4. C'è una piscina in albergo.

5. Quando finisce il corso di scienze?

6. La parola *fiore* finisce in «ore» ed è maschile.

5.1 Verbi irregolari in -are

A. Cosa fanno gli Italiani in centro a Milano? You will hear twice what some people who live in Milan like doing on Sunday mornings. Listen carefully and match each description with the appropriate drawing.

CD2-21

1. _____
2. _____
3. _____
4. _____
5. _____
6. _____

a.

b.

c.

d.

e.

f.

© Cengage Learning

B. Dove vanno gli studenti dopo le lezioni? Listen to where various students who attend the University of Naples are going after their classes. You will hear each sentence twice. Fill in the subject(s) and the form of the verb *andare* that you hear.

CD2-22

1. _____ al cinema.

2. _____ a casa.

3. _____ in biblioteca.

4. _____ a giocare a basket.

5. _____ al parco.

6. _____ in palestra.

C. Usiamo *stare*. Form a new sentence by substituting the subject given as a cue and making all necessary changes. Repeat each response after the speaker.

CD2-23

Esempio   Sto bene e do una festa. (la signora)   *La signora sta bene e dà una festa.*

1. _____

2. _____

3. _____

4. _____

5.2 I giorni della settimana

🔊 **A. Cosa fa Lucia durante la settimana?** Listen as Lucia describes what she does every day of the week.
CD2-24 Indicate when she performs each activity by underlining the correct day or days of the week for each
statement. Each sentence will be repeated twice.

Esempio   You hear: Lucia studia il lunedì, il mercoledì e il venerdì.
               You underline: <u>lunedì</u> / martedì / <u>mercoledì</u> / giovedì / <u>venerdì</u> / sabato / domenica

1. lunedì / martedì / mercoledì / giovedì / venerdì / sabato / domenica

2. lunedì / martedì / mercoledì / giovedì / venerdì / sabato / domenica

3. lunedì / martedì / mercoledì / giovedì / venerdì / sabato / domenica

4. lunedì / martedì / mercoledì / giovedì / venerdì / sabato / domenica

5. lunedì / martedì / mercoledì / giovedì / venerdì / sabato / domenica

6. lunedì / martedì / mercoledì / giovedì / venerdì / sabato / domenica

🔊 **B. La settimana di Linda.** Linda is a very methodical person and has a specific activity for each day of the
CD2-25 week. Use the cue to amplify each sentence. Then repeat the response after the speaker.

Esempio   Va in biblioteca. (lunedì)   *Il lunedì va in biblioteca.*

1. _____

2. _____

3. _____

4. _____

5. _____

6. _____

5.3 *Quanto?* e i numeri cardinali

🔊 **A. Contiamo in italiano.** Count from 0 to 20 in Italian, repeating each number after the speaker, and
CD2-26 spelling out the numbers.

_____ _____ _____

_____ _____ _____

_____ _____ _____

_____ _____ _____

_____ _____ _____

🔊 **B. A quale numero abiti?** Listen to the following statements about people's street addresses and write the
CD2-27 number you hear in each case. You will hear each statement twice.

Esempio   You hear: Maria Luisa abita al numero quarantatré.
               You write: *43*

1. _____   4. _____

2. _____   5. _____

3. _____   6. _____

C. Formiamo le domande. Give the question that would elicit each of the following answers. Repeat each question after the speaker.

Esempio   Papà ha quarantanove anni.   *Quanti anni ha papà?*

1. _____

2. _____

3. _____

4. _____

5.4 I mesi e la data

A. Impariamo i mesi dell'anno. Repeat after the speaker.

I mesi dell'anno:

_____ _____ _____ _____ _____ _____

_____ _____ _____ _____ _____ _____

B. Le vacanze degli Italiani. Listen to the statements about various Italian holidays and write down the day and month of each one. You will hear each sentence twice.

Esempio   You hear: Oggi è la Festa del Lavoro; è il primo maggio.
            You write: *1/5*

1. _____   4. _____

2. _____   5. _____

3. _____   6. _____

C. Sergio è sempre un mese in anticipo! Sergio is always mistaken about his friends' birthdays. Every time he asks about one, he believes it to be one month earlier. Following the example, formulate the right answer to each of his questions. Then repeat the response after the speaker.

Esempio   È in agosto il compleanno di Marisa?   *No, è in settembre.*

1. _____

2. _____

3. _____

4. _____

D. Impariamo le date in italiano! Repeat the following dates after the speaker.

1. nel 1918   nel 1989   nel 1945   nel 1492

2. il 25 luglio 1943   il 22 febbraio 1732   il 14 luglio 1789

3. il 25/12   il 1/11   il 14/2

Adesso ascoltiamo!

🔊 **A. Dettato: La settimana di Liliana.** Listen as Liliana describes her weekly activities. Her comments will
CD2-33 be read the first time at normal speed; a second time more slowly so that you can supply the missing
verbs, verbal expressions, and days of the week; and a third time so that you can check your work. Feel
free to repeat the process several times if necessary.

Lunedì _____ all'università presto perché _____ andare in biblioteca a

studiare per le lezioni del giorno. Nel pomeriggio vedo Nina e _____ a prendere un gelato.

Martedì vado a trovare la mamma e _____ le spese. La sera vedo Carlo e

_____ al cinema.

_____ ho lezione di letteratura inglese e di matematica. Nel pomeriggio _____

studiare ma non _____ perché desidero vedere gli amici.

_____ studio _____ il giorno! Lucia telefona e domanda se

_____ al parco con lei. Io vorrei _____ al parco, ma non è possibile, perché

domani ho un esame di matematica e _____ a casa a studiare.

Venerdì _____ l'esame di matematica. La sera vedo Carlo e _____ insieme

in discoteca con gli amici. Sono contenta perché domani è sabato e io _____ fino a tardi (late).

Sabato mattina Lucia telefona perché _____ di fare le spese. _____

al centro commerciale la mattina e nel pomeriggio _____ una passeggiata al parco.

Domenica mattina _____ in chiesa con Carlo e nel pomeriggio _____ un

giro in macchina. La sera _____ a mangiare la pizza con gli amici.

Che bella settimana!

B. Chi vede e cosa fa Liliana questa settimana? After completing Liliana's comments about her week,
answer the following questions.

1. Quando va in biblioteca? _____

2. Quando vede Nina? Cosa fanno? _____

3. Quando vede Carlo? _____

4. Quando fa le spese con la mamma? _____

5. Quando va in discoteca con gli amici? _____

6. Quando fa una passeggiata al parco? Con chi? _____

7. Quando fa un giro in macchina? Con chi? _____

La famiglia

6

Esercizi scritti

Le regioni d'Italia Il Friuli-Venezia Giulia

Trieste, panorama della città con il porto

A. Vero o falso? Read the following statements and decide whether they are true (**vero**) or false (**falso**). When false, provide the correct statement.

1. Trieste è il capoluogo regionale.   vero   falso

2. Il Friuli-Venezia Giulia confina con la Svizzera.   vero   falso

3. Piazza Unità è a Udine.   vero   falso

4. Molte persone parlano tedesco.   vero   falso

5. I cevapcici sono un piatto di carne.   vero   falso

6. Il Montasio è un formaggio.   vero   falso

_____

_____

_____

Capitolo 6   La famiglia   69

B. Informazioni. Complete the sentences with the correct word from the list.

bilinguismo	prima guerra mondiale	mais
loggia del Lionello	mare Adriatico	castello di Miramare

1. Il _____ bagna le coste del Friuli-Venezia Giulia.

2. A Trieste, molti turisti visitano il _____ l'antica residenza di Massimiliano d'Asburgo.

3. Trieste è passata dall'Austria all'Italia alla fine della _____.

4. La _____ è un antico edificio nel centro di Udine.

5. Nella regione esiste il _____: l'italiano e lo sloveno.

6. Il _____ è un prodotto agricolo del Friuli-Venezia Giulia.

Studio di parole L'albero genealogico

A. L'albero genealogico. Complete the sentences with the information in the family tree.

© Cengage Learning

1. Enzo è il _____ di Marina.

2. Enzo e Marina hanno due _____, Lisa e Alberto.

3. Maria è la _____ di Luigi.

4. Paolo è il _____ di Anna.

5. Luisa e Franco sono gli _____ di Lisa e Alberto.

6. Paolo è il _____ di Luigi e Maria.

7. Luigi è il _____ di Luisa.

8. Lisa è la _____ di Alberto.

B. **Chi è?** Complete the following sentences with the appropriate family vocabulary.

1. Il padre di mia madre è mio _____.

2. La sorella di mia madre è mia _____.

3. Il fratello di mio padre è mio _____.

4. I figli di mia zia sono i miei _____.

5. Il figlio di mia sorella è mio _____.

6. La moglie di mio fratello è mia _____.

7. I genitori di mio padre sono i miei _____.

8. I figli dei miei figli sono i miei _____.

Punti grammaticali

6.1 Aggettivi e pronomi possessivi

A. **Dove sono le mie cose?** Your roommate has cleaned your room. Ask him or her where your things are, using the appropriate form of the possessive adjective **il mio.**

Esempio   Dov'è _____ libro?   *Dov'è **il mio** libro?*

1. Dov'è _____ penna?

2. Dove sono _____ appunti?

3. Dov'è _____ quaderno d'italiano?

4. Dove sono _____ lettere?

B. **Chi portate alla festa?** You're giving a party and are telling a friend what the following people are bringing. Use a form of the possessive adjective **il suo.**

Esempio   Maria porta _____ amica Antonella.   *Maria porta **la sua** amica Antonella.*

1. Teresa porta _____ ragazzo.

2. Antonio porta _____ amica americana Jenny.

3. Laura porta _____ compagni di classe.

4. Roberta porta _____ amiche di Milano.

C. **Ad ognuno il suo!** The following people are engaged in different activities. State what they're doing by completing each sentence with the correct form of the possessive adjective.

Esempio   Io vendo _____ macchina.   *Io vendo **la mia** macchina.*

1. Incontriamo _____ amici al cinema.

2. Tu e tua sorella andate in vacanza con _____ genitori.

3. Riccardo e Francesco non portano _____ computer portatili a lezione.

4. Antonella dimentica sempre _____ telefonino a casa.

5. Faccio una passeggiata con _____ cane Fido.

6. Lucia, quanti anni ha _____ ragazzo?

D. L'articolo o no? Complete each sentence with the correct form of the possessive adjective, using the article when necessary.

Esempio   Noi vediamo _____ madre.
*Noi vediamo **nostra** madre.*

1. Parlo con _____ padre ogni settimana.

2. Gino invita _____ parenti alla festa di laurea.

3. Vedi spesso _____ nonna?

4. Io porto al parco _____ sorellina.

5. Roberto non ascolta _____ genitori.

6. Aspettiamo _____ cugino.

E. Cosa fanno? Form complete sentences with the elements provided and the appropriate possessive adjectives.

Esempio   Paolo / scrivere a / amico
Paolo scrive al suo amico.

1. la madre / pensare a / figli _____

2. i bambini / avere bisogno di / genitori _____

3. il signor Bettini / telefonare a / moglie _____

4. voi / scrivere un'e-mail a / professoressa _____

5. io / mandare un sms a / sorella _____

6. il professore / dare i compiti a / studenti _____

F. E il tuo? Answer each question using the appropriate possessive pronoun and substituting the word in parentheses. Follow the example.

Esempio   Mio padre lavora in una banca, e il tuo? (ufficio)
Il mio lavora in un ufficio.

1. Mia sorella va all'università, e la tua? (liceo)

   _____

2. Il mio motorino è vecchio, e il tuo? (nuovo)

   _____

3. I miei professori sono simpatici, e i tuoi? (anche)

   _____

4. Mia madre prepara gli spaghetti alla bolognese per cena, e la tua? (le lasagne)

   _____

5. Mio zio lavora in un ospedale, e il tuo? (scuola)

   _____

6.2 Verbi irregolari in *-ere* e in *-ire*

A. Usiamo *volere, potere, dovere* e *bere*. Complete each sentence with the correct form of the verb in parentheses.

Esempio   (bere) Noi _____ alla tua salute.
    *Noi **beviamo** alla tua salute.*

1. (bere / voi) Che cosa _____ quando avete sete?

2. (dovere / noi) _____ finire i compiti.

3. (volere / tu) _____ fare una passeggiata?

4. (potere / io) Non _____ venire alla tua festa.

5. (bere) I signori Rossi _____ del vino bianco.

6. (dovere / tu) Che cosa _____ fare per domani?

7. (volere / voi) _____ andare a teatro sabato sera?

8. (potere) Loro non _____ giocare a tennis oggi.

9. (volere / noi) _____ fare un viaggio in Italia.

B. Con *volere, potere* e *dovere* anche la frase cambia! Rewrite each sentence using the verb in parentheses. Follow the example.

Esempio   (dovere) Esco con Carlo stasera.
    Devo uscire con Carlo stasera.

1. (volere) I miei genitori conoscono i miei amici.

_____

2. (potere) I tuoi nonni non vengono alla festa.

_____

3. (dovere) Andiamo in biblioteca.

_____

4. (volere) Signora, beve tè o caffè?

_____

5. (potere) Non capite.

_____

6. (dovere) Che cosa fai stasera?

_____

C. **Con chi escono gli studenti di Parma stasera?** Complete each sentence with the correct form of **uscire** and the matching person in the right column.

1. Liliana	a. i loro amici
2. Io	b. tuo fratello
3. Tu e Gabriella	c. i nostri compagni
4. Tu	d. le vostre amiche
5. Paola ed io	e. il suo ragazzo
6. I signori Bianchi	f. i miei cugini

1. *Liliana esce con il suo ragazzo.*

2. _____

3. _____

4. _____

5. _____

6. _____

D. **Come vengono a lezione?** Complete each sentence with the correct form of **venire**.

Esempio   Io _____ in bici.   *Io vengo in bici.*

1. Molti studenti _____ in autobus.

2. Anche Maria _____ in autobus.

3. Tu ed Elisabetta _____ in motorino.

4. Lucia ed io _____ in treno.

5. Tu _____ a piedi.

E. **Quale verbo?** Complete each sentence with the correct form of **venire, uscire,** or **dire**.

Esempio   Franco _____ a Maria: Buon viaggio!   *Franco dice a Maria: Buon viaggio!*

1. Oggi non _____ perché non sto bene.

2. Tu e Donatella _____ alla mia festa?

3. Che cosa _____ i giovani italiani quando incontrano un amico?

4. I nonni di Joe _____ da Napoli.

5. I miei amici ed io _____ ogni sabato sera.

6. Molti studenti _____ all'università in autobus.

7. Che cosa _____ (noi) quando è il compleanno di un amico?

8. Che cosa _____ (tu) quando incontri una persona per la prima volta *(for the first time)*?

6.3 *Sapere* e *conoscere*

***Sapere* o *conoscere*?** Complete each sentence with the correct form of **sapere** or **conoscere**.

1. Io non _____ la sorella di Federico.

2. Noi _____ giocare a tennis.

3. (tu) _____ bene Milano?

4. Signora Lisi, Lei _____ mia madre?

5. Voi _____ dov'è il museo dell'Accademia?

6. I miei genitori _____ un buon ristorante in via Mazzini.

7. (Io) non _____ quando ritorna mio padre.

8. John e Bill non _____ parlare italiano.

6.4 I pronomi diretti

A. Impariamo a non ripetere! Answer the questions, replacing the nouns with pronouns.

Esempio   Fai il bagno?
               Sì, lo faccio. / No, non lo faccio.

1. Scrivi gli sms?

   _____

2. Fate i compiti?

   _____

3. Mangi la pizza?

   _____

4. Chiami i tuoi genitori tutti i giorni?

   _____

5. Fate la doccia la mattina o la sera?

   _____

6. Prendete l'autobus?

   _____

7. Ci aspetti davanti al cinema?

   _____

8. Mi accompagni all'aeroporto?

   _____

B. Altre domande. Answer each question using the direct-object pronouns and your imagination, according to the example.

Esempio   Quando fai i compiti?   *Li faccio dopo cena.*

1. Dove incontri i tuoi amici?

   _____

2. Quando vedi i tuoi parenti?

   _____

3. Chi ti accompagna all'aeroporto?

   _____

4. Quando fai la doccia?

   _____

5. Come preferisci il caffè, con lo zucchero o senza?

   _____

6. Quando ascolti la musica?

   _____

C. Sì o no? Answer each question, according to the example.

Esempio   Desideri vedere la tua ragazza stasera?
                Sì, desidero vederla.

1. Devi prepare la cena? _____

2. Vuoi fare lo shopping? _____

3. Puoi aiutarmi con i compiti? _____

4. Devi preparare il pranzo? _____

5. Vuoi servire il tiramisù? _____

6. Desideri conoscere le mie sorelle? _____

D. Dove sono queste cose? Eccole! Your roommate asks you where the following things are. You point them out to him/her.

Esempio   Dov'è la calcolatrice?
                Eccola!

1. Dov'è il libro d'italiano? _____

2. Dove sono le matite? _____

3. Dov'è il mio telefonino? _____

4. Dove sono le mie chiavi? _____

5. Dov'è la penna rossa? _____

6. Dove sono gli appunti di storia? _____

Come si dice in italiano?

1. *How many people are there in your (fam. sing.) family?*

2. *Only four: my father, my mother, my little brother, and myself* **(io)**.

3. *Where do they live?*

4. *They live in Minneapolis.*

5. *If you finish working early* **(presto)**, *why don't you come to my party tonight? It is at my house.*

6. *I'm sorry, but I can't because I have to meet a friend.*

7. *Do I know him?*

8. *No. He is a quiet young man, but always happy. He also knows how to play the guitar very well.*

9. *Is he your boyfriend?*

10. *Yes, and he wants to meet my family.*

11. *What do your parents say?*

12. *They say that we are too young and that we must wait.*

Vedute d'Italia Natale, festa in famiglia

Courtesy of the authors

You are about to read about some of the Italian Christmas traditions. First read the paragraph, then answer the questions that follow.

«Natale con i tuoi e Pasqua con chi vuoi (*Christmas with your family and Easter with whoever you want*)», dice un proverbio italiano e infatti (*in fact*), la maggioranza degli Italiani festeggia (*celebrate*) il Natale in famiglia.

Una tradizione natalizia tipicamente italiana è quella del (*that of*) presepio o presepe (*nativity scene*), iniziata nel 1223 da San Francesco d'Assisi, che allestì (*set up*) il primo presepio vivente (*living*).

La tradizione dell'albero di Natale è stata originalmente importata dai Paesi nordici (*northern*), ma oggigiorno nella maggioranza delle case italiane c'è l'albero di Natale, accanto (*next to*) al presepio. Il giorno di Natale, grandi e piccoli trovano i regali sotto l'albero.

Babbo Natale (*Santa Claus*) è in Italia una figura molto commercializzata. Nel passato era (*was*) Gesù Bambino (*Baby Jesus*) che portava (*was bringing*) i regali ai bambini; oggi dipende dai genitori: molti hanno sostituito Babbo Natale a Gesù Bambino. La globalizzazione spesso prevale sulle tradizioni.

Molti Italiani scrivono cartoline di Natale (*Christmas cards*) ad amici e parenti e tutta la famiglia si riunisce (*gathers*) a tavola. La cena della vigilia di Natale (*Christmas Eve*) e il pranzo di Natale sono accompagnati da piatti speciali che variano da regione a regione. Una tradizione gastronomica è quella del panettone, che non manca mai (*never missing*) sulla tavola degli Italiani nel giorno di Natale. Gli italiani amano regalare il panettone ad amici e conoscenti (*acquaintences*) e, a Milano, è anche tradizione portare un panettone ai vigili (*city policemen*) che dirigono il traffico.

A. Domande

1. Con chi festeggiano generalmente il Natale gli Italiani?
2. Quando è nata la tradizione del presepe? Chi allestì il primo presepe?
3. Da dove viene la tradizione dell'albero di Natale?
4. Che cosa trovano sotto l'albero gli Italiani di ogni età?
5. Chi portava i regali di Natale secondo la tradizione italiana? Chi li porta oggigiorno?
6. Che cosa scrivono gli Italiani per augurare (*to wish*) un buon Natale?
7. I piatti natalizi sono uguali in tutte le regioni d'Italia?
8. Qual è il dolce tipico del Natale?
9. Che tradizione particolare esiste a Milano?

B. E tu? Qual è una festa (*holiday*) importante nella tua famiglia? Che giorno la festeggiate? Come la festeggiate? Descrivete le vostre tradizioni.

_____

_____

_____

_____

_____

Esercizi orali

Studio di parole L'albero genealogico

🔊 **La famiglia di Alessio.** Below are the names of some of Alessio Dal Martello's family members. Listen
CD2-34 as Alessio describes his family, and take notes about how various family members are related to each other.
Then write their names in the family tree in their proper places. You will hear the description twice.

Pietro Dal Martello / Adriana Casarotto / Sergio Dal Martello / Valentina Costantini / Marta Dal Martello
/ Salviano Costantini / Irene Biagi / Maria Cristina Dal Martello / Simonetta Costantini / Ermanno
Arzenton / Valeria Arzenton / Ivo Arzenton

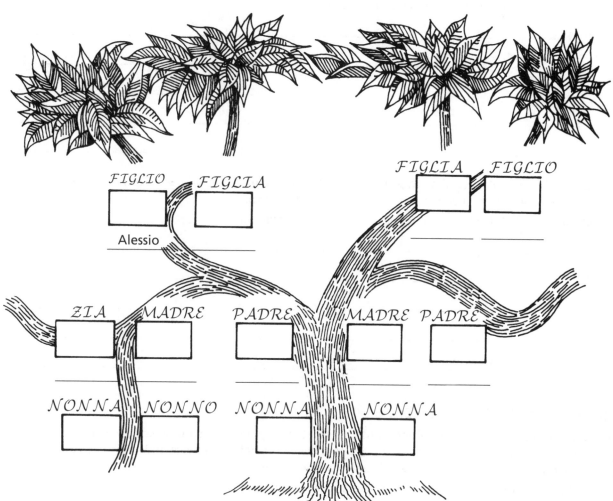

© Cengage Learning

6.1 Aggettivi e pronomi possessivi

🔊 **A. Nella scrivania del nonno.** Alessio is visiting his grandfather Pietro at his house in the country. He is
CD2-35 fascinated by his grandfather's office and desk. Listen as Alessio describes his grandfather's favorite
room and indicate which of the following forms of the possessive adjective—**suo, sua, sue, suoi**—is
used in each statement. You will hear each sentence twice.

Esempio You hear: Ecco la sua penna.
You underline: suo / <u>sua</u> / sue / suoi

1. suo / sua / sue / suoi

2. suo / sua / sue / suoi

3. suo / sua / sue / suoi

4. suo / sua / sue / suoi

5. suo / sua / sue / suoi

6. suo / sua / sue / suoi

B. Dove sono i libri degli studenti? Listen to the model sentence. Then form a new sentence by
substituting the cue. Repeat each response after the speaker.

CD2-36

Esempio   Dov'è il mio libro? (tu)   *Dov'è il tuo libro?*

1. _____

2. _____

3. _____

4. _____

5. _____

C. Tutti abbiamo un'amica simpatica. Rewrite each sentence using the verb **essere** and the appropriate
possessive adjective. Then repeat the response after the speaker.

CD2-37

Esempio   Io ho un'amica simpatica.   *La mia amica è simpatica.*

1. _____

2. _____

3. _____

4. _____

5. _____

6.2 Verbi irregolari in *-ere* e *-ire*

A. Il sabato mattina a casa dei signori Rossi. Listen to the statements about what members of the Rossi
family are doing on Saturday morning. You will hear each statement twice. Indicate which form of
bere, dovere, potere, or **volere** you hear in each sentence.

CD2-38

Esempio   You hear: Il signor Rossi deve andare al lavoro.
           You underline: vuole / <u>deve</u> / può / beve

1. vuole / deve / può / beve

2. vuole / deve / può / beve

3. vuole / deve / può / beve

4. vogliono / devono / possono / bevono

5. vogliono / devono / possono / bevono

6. vogliono / devono / possono / bevono

B. Dobbiamo fare tante cose ma non possiamo. Listen to the model sentence. Then form a new sentence by substituting the subject given. Repeat each response after the speaker.

1. Esempio Io devo finire il lavoro. (tu)
Tu devi finire il lavoro.

_____

_____

_____

_____

2. Esempio Io non posso partire. (tu)
Tu non puoi partire.

_____

_____

_____

_____

_____

C. Cosa fanno nella famiglia di Marco? Listen to the model sentence. Then form a new sentence by substituting the subject given. Repeat each response after the speaker.

1. Esempio Io esco tutte le sere. (tu)
Tu esci tutte le sere.

_____

_____

_____

_____

2. Esempio Io vengo a vedere la casa. (tu)
Tu vieni a vedere la casa.

_____

_____

_____

_____

_____

6.3 *Sapere* e *conoscere*

🔊 **A. E tu, sai nuotare?** Listen to the model sentence. Then form a new sentence by substituting the subject
CD2-41 given as a cue. Repeat each response after the speaker.

Esempio   Io non so nuotare. (tu)
            Tu non sai nuotare.

1. _____

2. _____

3. _____

4. _____

🔊 **B. Chi conosce i parenti di Anna?** Listen to the model sentence. Then form a new sentence by substituting
CD2-42 the subject given as a cue. Repeat each response after the speaker.

Esempio   Io conosco i parenti di Anna. (tu)
            Tu conosci i parenti di Anna.

1. _____

2. _____

3. _____

4. _____

6.4 I pronomi diretti

🔊 **A. Chi porti alla festa?** One of your friends is organizing a party and asking his guests who and/or what
CD2-43 they are bringing. Listen to the questions and answers and indicate which direct-object pronoun is used
in each answer. Each conversation will be repeated twice.

Esempio   You hear: — Porti tua sorella alla festa?
            — Sì, la porto.
            You underline: ti / lo / <u>la</u> / vi / li / le

1. ti / lo / la / vi / li / le   4. ti / lo / la / vi / li / le

2. ti / lo / la / vi / li / le   5. ti / lo / la / vi / li / le

3. ti / lo / la / vi / li / le   6. ti / lo / la / vi / li / le

🔊 **B. Le domande di Fulvio.** Your friend Fulvio is asking if you plan to do the following things. Answer
CD2-44 using the appropriate direct-object pronoun. Then repeat the response after the speaker.

Esempio   Mi chiami domani?   *Sì, ti chiamo domani.*

1. _____

2. _____

3. _____

4. _____

◀)) C. Chi inviti alla festa? You're giving a party and your mother wants to know whom you're inviting.
CD2-45   Answer by replacing the noun with the direct-object pronoun. Then repeat the response after the speaker.

Esempio   Inviti Laura?
Sì, la invito.

1. _____

2. _____

3. _____

4. _____

5. _____

6. _____

◀)) D. L'infinito con i pronomi diretti. Your sister is going shopping and wants to know if she should buy
CD2-46   the following items. Answer her, replacing the noun with the appropriate direct-object pronoun.
Then repeat the response after the speaker.

Esempio   Devo comprare la carne?
Sì, devi comprarla.

1. _____

2. _____

3. _____

4. _____

◀)) E. Ecco il panorama della città! Your parents have come to visit and you are showing them the sights
CD2-47   of the city. After you hear each cue, use **ecco** and the appropriate pronoun to make a statement.
Then repeat the response after the speaker.

Esempio   il monumento di Verdi
Eccolo!

1. _____

2. _____

3. _____

4. _____

Adesso ascoltiamo!

🔊 **A. Dettato: la famiglia di Marco.** Listen to the description of Marco's family. It will be read the first time
CD2-48 at normal speed, a second time more slowly so that you can supply the missing words, and a third time so that you can check your work. Feel free to repeat the process several times if necessary.

La mia _____ non è molto numerosa. Siamo solo in

_____ : mio _____ Antonio, mia

_____ Maria, mia _____ Anna ed

io. Mio padre è molto _____ e va spesso a fare giri in bici con gli

_____. Lavora come _____ per una ditta

di computer. Mia madre è _____ e lavora nello studio di suo padre, mio

_____ Giovanni. Anche il _____ di mia

madre, lo zio Gabriele, è avvocato. Mia madre lavora tanto ma _____

preparare delle cene squisite. Mia _____ Anna studia medicina

all'Università di Padova. È molto _____ perché è una facoltà

_____. Anna ha molte _____ e spesso

_____ con loro il sabato sera. Loro _____

al cinema o a qualche concerto. Io sono un ragazzo _____, studio lettere

a Padova. I miei genitori _____ che sono diverso dal resto della famiglia

perché _____ la letteratura alla scienza.

🔊 **B. Una discussione in famiglia.** Listen to the following conversation during a Sunday meal at Alessio's
CD2-49 grandparents' house. Then answer the questions. You will hear the conversation twice.

1. Cosa prepara la nonna per pranzo?

   _____

2. Chi prepara il tiramisù?

   _____

3. Quando fa l'esame di matematica Alessio?

   _____

4. Che cosa deve fare nel pomeriggio?

   _____

5. Chi va a chiamare Alessio? Perché?

   _____

6. Chi porta i tortellini in tavola?

   _____

Buon viaggio!

7

Esercizi scritti

Le regioni d'Italia La Liguria

Manarola, una delle Cinque Terre

A. Vero o falso? Read the following statements and decide whether they are true (**vero**) or false (**falso**). When false, provide the correct statements.

1. La Liguria confina con la Svizzera.	vero	falso
2. La Liguria è una regione densamente popolata.	vero	falso
3. Genova è un importante porto industriale.	vero	falso
4. Vernazza è un paese delle Cinque Terre.	vero	falso
5. Il pesto è un sugo (*sauce*) a base di carne.	vero	falso
6. Portofino è celebre per la coltivazione dei fiori.	vero	falso

_____

_____

_____

B. Informazioni. Complete the sentences with the correct word from the list.

basilico   Cristoforo Colombo   sentiero   Portofino   Sanremo   vigneti

1. I terrazzamenti sono coltivati a _____ che producono ottimi vini.

2. _____ è un centro turistico esclusivo.

3. Un _____ collega (*connects*) i paesi delle Cinque Terre.

4. Il _____ è il principale ingrediente del pesto.

5. _____ è il più famoso dei navigatori della Liguria.

6. Il Festival della Canzone Italiana si tiene (*is held*) ogni anno a _____.

Studio di parole   Arrivi e partenze

A. Gioco d'abbinamento. Match the vocabulary and expressions from column A with those in column B.

<table>
<tr><td>A</td><td>B</td></tr>
<tr><td>1. _____ un biglietto Roma-Milano-Roma</td><td>a. un viaggio breve</td></tr>
<tr><td>2. _____ lavorano sull'aereo</td><td>b. è in ritardo</td></tr>
<tr><td>3. _____ la gita</td><td>c. la prendiamo per fare una crociera</td></tr>
<tr><td>4. _____ all'estero</td><td>d. dove controllano i bagagli e i passaporti</td></tr>
<tr><td>5. _____ il treno non è in orario</td><td>e. gli assistenti di volo</td></tr>
<tr><td>6. _____ la dogana</td><td>f. fuori dal proprio (*own*) paese</td></tr>
<tr><td>7. _____ la nave</td><td>g. un biglietto di andata e ritorno</td></tr>
</table>

B. In viaggio. Complete the following sentences with the appropriate vocabulary word.

1. Quando un posto non è occupato, è _____.

2. Aspetto l'autobus alla _____.

3. L'Alitalia è una _____.

4. Vado alla biglietteria per _____.

5. Abbiamo bisogno del _____ per viaggiare all'estero.

6. Quando arriviamo tardi alla stazione, abbiamo paura di _____ il treno.

Punti grammaticali

7.1 Il passato prossimo con *avere*

A. Cosa hanno fatto? Complete each sentence with the appropriate form of the **passato prossimo** of the verb in parentheses.

1. (ricevere) Noi _____ molti regali di Natale.

2. (finire) Bambini, _____ i compiti?

3. (dare) Il papà _____ dei soldi al figlio per il viaggio negli Stati Uniti.

4. (capire) Io non _____ a che ora partiamo.

5. (ripetere) Il professore _____ la spiegazione.

6. (prenotare) Tu _____ i posti sul treno.

7. (dormire) I viaggiatori _____ durante il volo.

8. (potere) Noi _____ viaggiare in prima classe.

B. Cruciverba: Participi passati irregolari. Complete the crossword puzzle with the irregular past participle of the following verbs:

aprire	chiudere	dire	fare	leggere	mettere
perdere	prendere	scrivere	spendere	vedere	

© Cengage Learning

Orizzontali

1. Ho molta fame perché stamattina non ho _____ colazione.

6. Il professore ha _____ la formula di chimica sulla lavagna.

7. Abbiamo _____ i nostri amici venerdì sera alla festa di Marisa.

8. C'era *(There was)* molto traffico per arrivare all'aeroporto e così abbiamo _____ il volo.

10. Pinocchio ha _____ una bugia *(a lie)*.

11. Marco e Giovanni hanno _____ il giornale *(newspaper)* sul treno.

Verticali

2. Hanno _____ una nuova pizzeria vicino al mio ufficio. Fanno delle pizze molto buone.

3. Tu e Carlo avete _____ l'aereo, ma io preferisco viaggiare in treno.

4. — Filippo, dove hai _____ il regalo per Antonio?

   — È già *(already)* in valigia.

5. — Perché hai _____ le finestre?

   — Perché ho freddo.

9. — Quanto avete _____ per il biglietto aereo?

   — 300 euro.

C. Rispondiamo con i pronomi. Answer the questions affirmatively, using the direct-object pronouns.

Esempio   Hai preso la carta d'identità?
               Sì, l'ho presa.

1. Avete trovato le informazioni sul viaggio? _____

2. Hai visto gli orari dei voli? _____

3. Avete fatto i biglietti? _____

4. Hai prenotato gli alberghi? _____

5. Hai preso la macchina fotografica? _____

6. Avete fatto le valigie? _____

7. Hai chiamato il tassì? _____

8. Hai messo la tua valigia nel tassì? _____

9. Mi hai aspettato all'aeroporto? _____

10. Ci hai chiamato all'arrivo? _____

7.2 Il passato prossimo con *essere*

A. Cosa hanno fatto queste persone? Rewrite the sentences with the verb in the **passato prossimo**.

Esempio   i miei nonni / nascere a Torino
I miei nonni sono nati a Torino.

1. sua sorella / partire in orario

   _____

2. i tuoi genitori / arrivare in aereo

   _____

3. i miei amici / venire alla mia festa

   _____

4. le nostre amiche / uscire con i loro ragazzi

   _____

5. mio padre / ritornare a casa

   _____

6. voi / stare in Italia per tre settimane

   _____

7. i passeggeri / salire sull'aereo

   _____

8. io / entrare nell'aula

   _____

9. Rita / partire per gli Stati Uniti

   _____

10. noi / rimanere a casa

   _____

B. Non come al solito… (Differently from the norm . . .) Complete each sentence with the **passato prossimo**.

1. Elisa e Lucia vanno sempre a scuola in macchina, ma ieri _____ in autobus.

2. Maria, sei sempre molto gentile, ma ieri non _____ gentile con i tuoi amici.

3. Di solito, non uscite il mercoledì sera, ma ieri sera _____.

4. Gli zii vengono tutte le domeniche a casa nostra, ma domenica scorsa non _____.

5. Suo marito ritorna a casa presto, ma venerdì sera _____ tardi.

6. Riccardo non cade spesso quando scia *(he is skiing)*, ma stamattina _____.

C. Il viaggio in aereo a Roma di Jane. Complete the paragraph with the appropriate form of the **passato prossimo** of the verbs in parentheses.

Jane (comprare) _____ un biglietto aereo di andata e ritorno New

York-Roma. Il giorno della partenza Jane (arrivare) _____ all'aeroporto

di New York e (aspettare) _____ l'imbarco (*boarding*) del suo volo

Alitalia. L'aereo (partire) _____ in orario. In aereo Jane (leggere)

_____ alcune riviste (*magazines*), (vedere) _____

un bel film (mangiare) _____ delle lasagne e (bere) _____

del vino Chianti. (parlare) _____ anche in italiano con gli assistenti

di volo. Poi (cercare) _____ di dormire, ma non (potere) _____.

Il viaggio (essere) _____ lungo e Jane (arrivare) _____

all'aeroporto Leonardo da Vinci stanca, ma felice. Quando (scendere) _____

dall'aereo, (prendere) _____ la sua valigia, (passare) _____

per la dogana e (uscire) _____ dall'aeroporto. Subito fuori (*Right outside*)

(salire) _____ su un tassì ed (andare) _____

all'albergo in via Veneto.

D. Quando? Answer each question, using the expression of time in parentheses.

Esempio   Quando hai visitato Capri? (*last year*)
            Ho visitato Capri l'anno scorso.

1. Quando sei andato (a) al cinema? (*last night*)

   _____

2. Quando avete visto i vostri genitori? (*last week*)

   _____

3. Quando hai letto la *Divina commedia*? (*three years ago*)

   _____

4. Quando siete usciti? (*last Friday*)

   _____

5. Quando hai conosciuto il professore di storia? (*five months ago*)

   _____

6. Quando hai incontrato gli amici? (*the day before yesterday*)

   _____

7.3 L'ora *(Time)*

A. Che ore sono? Write out the following times.

Esempio (6.20 P.M.) *Sono le sei e venti di sera.*

1. (4.15 A.M.) _____
2. (1.00 A.M.) _____
3. (12.00 P.M.) _____
4. (2.30 P.M.) _____
5. (7.55 P.M.) _____

B. A che ora? Your parents are asking questions about a friend who's coming to visit for a few days. Answer their questions with the times given in parentheses.

Esempio A che ora si sveglia *(wakes up)* Giuseppe? (7.15)
Si sveglia alle sette e un quarto.

1. A che ora fa colazione? (7.45)

_____

2. A che ora esce? (8.15)

_____

3. A che ora ritorna a casa? (6.30)

_____

4. A che ora va a letto la sera? (11.00)

_____

7.4 Usi di *a, in, da* e *per*

A. La giornata di Lisa Carter. Complete the following paragraph with the prepositions **a** or **in**.

Lisa Carter studia _____ Italia. Vive _____ Toscana, _____ Firenze, con una famiglia italiana. Tutte le mattine Lisa va _____ centro _____ seguire un corso d'italiano. Va sempre _____ piedi, ma ritorna spesso _____ autobus. Quando è _____ casa, aiuta a preparare la cena perché vuole imparare a cucinare. La sera va _____ letto a mezzanotte.

B. Usi di *a, in* e *da.* Complete the following paragraph with the prepositions **a, in,** and **da** and the definite article when necessary.

Antonio e Marco sono andati _____ vacanza. Hanno passato una settimana _____ Liguria. _____ Genova sono stati _____ loro amico Alessandro. Poi hanno preferito andare _____ mare invece di *(instead of)* andare _____ campagna. Sono partiti _____ macchina e sono andati _____ Cinque Terre.

C. Perché gli amici di Luisa fanno queste cose? Write why the people below are doing certain things by using per + infinitive.

Esempio   Luisa studia perché vuole imparare.
               Luisa studia per imparare.

1. Luigi sta attento perché vuole capire tutto.

   _____

2. Io vendo il motorino perché voglio comprare una macchina.

   _____

3. Carlo va all'università perché vuole prendere una laurea in lingue.

   _____

4. Io e Luisa ritorniamo a casa perché vogliamo mangiare.

   _____

Come si dice in italiano?

1. *I am very tired because I didn't sleep much last night.*

2. *Why? Did you work late (**fino a tardi**)?*

3. *No, I came home five hours ago from a one-week trip to New York with my Aunt Jane.*

4. *Did you travel by plane or train?*

5. *By plane. But I didn't have to buy a (**il**) ticket. My Aunt Jane bought two first-class tickets, and our trip was very comfortable.*

6. *Did she reserve a room in a hotel?*

7. *No, we stayed at my grandparents' house, as we often do.*

8. *I don't know New York. How is it?*

9. *It's a great city with theaters and elegant shops. However, there are too many people and life isn't very easy.*

Vedute d'Italia Un diario di viaggio

You are about to read Sarah and Jennifer's travel journal about their backpacking trip to Italy. This excerpt recounts their arrival and visit to the town of Assisi. Before reading the paragraph, you can read the information on Assisi in your textbook on page 248. When finished, answer the questions on the next page.

Viaggio

Partenza da New York (ore 16.25) – arrivo a Francoforte (ore 8.00 del giorno dopo)
Partenza da Francoforte (ore 11) – arrivo a Firenze (ore 12.20)
Autobus dall'aeroporto alla stazione di Santa Maria Novella
Treno per Assisi (ore 15.15) – arrivo ad Assisi (18.45)

Prima serata (evening) ad Assisi

L'hotel «Il Palazzo» nel centro di Assisi è un edificio del sedicesimo (sixteenth) secolo completamente ristrutturato. La nostra stanza è moderna, pulita (clean) e tranquilla.

Siamo andate subito a fare un giro a piedi per la città e a vedere la Basilica di San Francesco. Assisi è bellissima, con le antiche case in pietra chiara (light colored stone), le chiese e le colline con gli ulivi (olive trees). Abbiamo camminato per un'ora e poi abbiamo trovato un buon ristorante a pochi passi (steps) dalla piazza del Comune (nel centro storico).

Ovviamente (Obviously) abbiamo voluto provare la cucina locale e abbiamo ordinato un antipasto di salumi misti e una pasta tipica dell'Umbria, gli strangozzi al tartufo (truffle). Veramente squisiti! Non abbiamo preso un secondo, ma abbiamo assaggiato un dolce locale la «rocciata di Assisi», buonissima, con le mele. Abbiamo bevuto del buon vino umbro della casa. Siamo ritornate in albergo verso le 23.30, ma non siamo andate subito a dormire, perché abbiamo fatto il programma per il giorno dopo.

Domande. Read the following questions and underline where you find each answer in the above paragraph. Then answer each question in your own words, with a complete sentence.

1. A che ora sono partite da New York?

   _____

2. In quale città tedesca ha fatto scalo il primo (first) aereo?

   _____

3. In quale città italiana è atterrato (landed) il loro aereo?

   _____

4. Come sono andate dall'aeroporto alla stazione dei treni di Santa Maria Novella?

   _____

5. Quanto è durato il viaggio in treno da Firenze ad Assisi?

   _____

6. Come si chiama e dove si trova il loro albergo? Com'è la loro stanza?

   _____

   _____

7. Dove sono andate a cenare? Che cosa hanno ordinato da bere e da mangiare?

   _____

   _____

8. A che ora sono ritornate in albergo?

   _____

Esercizi orali

Studio di parole Arrivi e partenze

Annunci alla stazione dei treni. The Betti family is at the Central Station in Milan, waiting for the train to Rapallo. Listen to the following announcements at the station, which will be repeated twice. Then fill in the missing information on the electronic board below. Which announcement should the Betti family pay particular attention to? Why?

Stazione di Milano Centrale – Partenze				
Treno	**Destinazione**	**Ora**	**Ritardo**	**Binario**
Intercity	Roma	8.30	_____	5
Interregionale	_____	8:38	_____	_____
_____	Brescia	_____	10 minuti	_____
Eurostar	_____	8.45	_____	_____

CD3-2

Pronuncia

The cluster GLI

The cluster GLI /λ/ is pronounced similarly to the sound *lli* in billon. To achieve the correct pronunciation press the back of your tongue against your palate.

CD3-3

A. Listen and repeat the following words.

1. gli
2. figlio
3. vogliamo
4. aglio
5. Guglielmo
6. famiglia
7. figli
8. agli
9. moglie
10. foglio

B. Repeat the following sentences after the speaker.

CD3-4

1. Guglielmo e sua moglie vogliono un figlio.
2. La famiglia Viglia abita a Conegliano.
3. I figli di Giulia le danno un mazzo di gigli *(a bouquet of lilies).*
4. Voglio dell'aglio e una bottiglia d'olio.
5. In luglio facciamo un viaggio con la famiglia.

7.1 Il passato prossimo con *avere*

A. Cosa hanno fatto tutti? Listen to the model sentence. Then form a new sentence by substituting the subject given and making all necessary changes. Repeat the response after the speaker.

CD3-5

Esempio   Jane ha visto il Colosseo. (tu)
Tu hai visto il Colosseo.

1. _____

2. _____

3. _____

4. _____

5. _____

B. Il sabato sera degli studenti d'italiano. Listen as Alberto describes what some of his classmates did last Saturday night. Then, choosing a verb from the list, indicate who did each activity. Each statement will be repeated twice.

CD3-6

> **ha letto   ha visto   ha bevuto   ha mangiato   ha preso   ha comprato**

Esempio   You read: _____ una nuova automobile.
You hear: Marina ha comprato una nuova automobile.
You write: *Marina ha comprato*

1. _____ un bel film al cinema con la sua ragazza.

2. _____ un libro alla nuova libreria.

3. _____ molto bene al ristorante con suo padre.

4. _____ l'aereo per Palermo per andare a trovare la nonna.

5. _____ troppa birra al bar con gli amici.

6. _____ tutta la sera per il suo corso di letteratura inglese.

7.2 Il passsato prossimo con *essere*

A. Dove sono andati tutti? Listen to the model sentence. Then form a new sentence by substituting the subject given. Repeat the response after the speaker.

CD3-7

Esempio   Io sono andato a Roma. (tu)
Tu sei andato a Roma.

1. _____

2. _____

3. _____

4. _____

B. Quando sono partiti tutti? Listen to the model sentence. Then form a new sentence by substituting the subject given and making any necessary changes. Repeat each response after the speaker.

CD3-8

Esempio   Quando è partita Lisa? (Marco)
              Quando è partito Marco?

1. _____

2. _____

3. _____

4. _____

5. _____

6. _____

C. Dove sono andati i familiari di Marco? Listen to the following statements describing what each of Marco's family members did last Sunday afternoon, and indicate which verb is used in each statement. You will hear each statement twice.

CD3-9

Esempio   You hear: Luca è andato al cinema.
              You underline: è andata / <u>è andato</u> / è restato / è restata

1. sono ritornati / sono andati / sono andato / sono arrivati

2. è uscito / è andata / è restato / è restata

3. è rimasta / è stata / è uscita / è uscito

4. siamo partiti / siamo andati / siamo arrivati / siamo arrivate

5. siete andate / siete partiti / siete partite / siete ritornate

6. sei andato / sei ritornata / sei ritornato / sei arrivato

D. Quando è successo (When did it happen)? Filippo is late coming home from work and asks Gabriella about the day's news. For each event that she relates, indicate which expression of time is used—**ieri, l'altro giorno, due giorni fa, l'anno scorso**. Each statement will be repeated twice.

CD3-10

Esempio   You hear: Il Papa è caduto ieri sera.
              You underline: <u>ieri</u> / l'altro giorno / due giorni fa / l'anno scorso

1. ieri / l'altro giorno / due giorni fa / l'anno scorso

2. ieri / l'altro giorno / due giorni fa / l'anno scorso

3. ieri / l'altro giorno / due giorni fa / l'anno scorso

4. ieri / l'altro giorno / due giorni fa / l'anno scorso

5. ieri / l'altro giorno / due giorni fa / l'anno scorso

6. ieri / l'altro giorno / due giorni fa / l'anno scorso

🔊 **E.** **Volete fare queste cose?** You're asking your friends what they might want to do. They say they have
CD3-11 already done these things and tell you when. Use the cue to recreate each of their answers. Then repeat
the response after each speaker.

Esempio   Volete andare al cinema? (no / ieri sera)
No, siamo andati al cinema ieri sera.

1. _____

2. _____

3. _____

4. _____

5. _____

7.3 L'ora *(Time)*

🔊 **A.** **Leggiamo l'ora.** Read each of the following times; then repeat after the speaker.
CD3-12 **Esempio**   6.15
Sono le sei e un quarto.

1. 4.20   4. 3.15

2. 2.30   5. 10.45

3. 12.00 P.M.

🔊 **B.** **A che ora?** In each of the following conversations, a time is mentioned. Indicate which conversation
CD3-13 corresponds to which of the following clocks. Each conversation will be repeated twice.

1. _____   2. _____   3. _____

4. _____   5. _____   6. _____

© Cengage Learning

7.4 Usi di *a*, *in*, *da* e *per*

🔊 **A. Cosa dicono gli studenti?** Listen to each sentence and indicate which of the following prepositions—**a,**
CD3-14 **in, da, per**—is used in each case. Each sentence will be repeated twice.

Esempio You hear: Abitano a Venezia.
You underline: <u>a</u> / in / da / per

1. a / in / da / per

2. a / in / da / per

3. a / in / da / per

4. a / in / da / per

5. a / in / da / per

6. a / in / da / per

🔊 **B. Cosa ha fatto oggi Mariella?** Luisa is asking Mariella about her activities. Recreate Mariella's answers,
CD3-15 using the cue and following the example. Then repeat the response after the speaker.

Esempio Dove sei stata stamattina? (scuola)
Sono stata a scuola.

1. _____

2. _____

3. _____

4. _____

🔊 **C. Cosa preferiscono fare i compagni di Bianca?** Bianca is asking her classmates about their preferences.
CD3-16 Use the cue to recreate each answer. Then repeat after the speaker.

Esempio Preferisci vivere in Italia o in Francia? (Italia)
Preferisco vivere in Italia.

1. _____

2. _____

3. _____

4. _____

Adesso ascoltiamo!

🔊 **A. Dettato: La luna di miele *(honeymoon)* di Anna e Marco.** Listen to the description of Anna and
CD3-17 Marco's honeymoon. It will be read the first time at normal speed, a second time more slowly so that
you can supply the appropriate forms of the missing verbs in the **passato prossimo**, and a third time so
that you can check your work. Feel free to repeat the process several times if necessary.

Anna e Marco _____ per la loro luna di miele due settimane fa.

_____ in molte città italiane e europee. _____

le gondole di Venezia e il Duomo di Milano, e _____

anche _____ a trovare i parenti che abitano a Torino,

così _____ un vecchio zio, fratello della nonna di Marco.

_____ Torino con lui e _____ il

risotto con i tartufi a casa sua. Poi _____ il treno per La Spezia e

_____ a Rapallo. _____ a Rapallo per due

giorni, Anna _____ un libro e Marco _____

il sole tutto il tempo, ora sono proprio rilassati. _____ a Torino, da dove

_____ il treno di notte per Parigi, _____ a Parigi

due giorni e poi _____ a Londra. Anna _____

molto in inglese e Marco _____ perché lui non lo parla bene.

_____ a casa in Sicilia in aereo.

🔊 **B. Il racconto di Anna.** Anna is visiting her grandmother and telling her about her honeymoon. Listen to
CD3-18   their conversation and then answer the following questions.

1. Come si chiama il cugino della nonna?

   _____

2. Dove ha portato Marco?

   _____

3. Che cosa ha preparato la zia?

   _____

4. Dove hanno mangiato del pesce buonissimo?

   _____

5. Che cosa hanno fatto a Venezia?

   _____

6. Com'è stato il viaggio?

   _____

Il mondo degli affari

8

Esercizi scritti

Le regioni d'Italia L'Emilia-Romagna

Bologna

A. Vero o falso? Read the following statements and decide whether they are true **(vero)** or false **(falso)**. When false, provide the correct statement.

1. L'Emilia-Romagna è una regione ricca.	vero	falso
2. L'agricoltura è importante per l'economia della regione.	vero	falso
3. La Ferrari ha sede a Bologna.	vero	falso
4. Ravenna è nota per l'antica università.	vero	falso
5. La coppa è uno dei salumi tipici della regione.	vero	falso
6. La Garisenda è una chiesa.	vero	falso

_____

_____

_____

B. Informazioni. Complete the sentences with the correct word from the list.

«la dotta»   torri   prosciutto   museo   agnolotti   mosaici

1. Gli _____ sono un tipo di pasta ripiena.

2. Bologna è chiamata _____ per la lunga tradizione di studi universitari.

3. A Maranello possiamo visitare il _____ della Ferrari.

4. Il formaggio parmigiano e il _____ sono prodotti della provincia di Parma.

5. La chiesa di San Vitale a Ravenna contiene dei famosi _____ d'epoca bizantina.

6. Due _____ medioevali sono il simbolo della città di Bologna.

Studio di parole Albergo e banca

Accoppiamenti. Complete the sentences in the left column with the matching words in the right column.

1. Se viaggio in luglio o agosto preferisco una stanza con _____ .	**a.** il cambio
2. Non ci piacciono gli orari dei treni e degli autobus, vogliamo essere liberi. Preferiamo _____ .	**b.** il bancomat
3. — Qual è _____ dell' euro? — 1,3 dollari.	**c.** aria condizionata
4. I signori Rossi hanno prenotato una _____ per non fumatori.	**d.** soldi
5. Se hai fretta, puoi usare _____ fuori dalla banca.	**e.** firmare
6. Preferisci pagare_____ o con la carta di credito?	**f.** noleggiare una macchina
7. Non abbiamo voluto spendere molti _____ e abbiamo alloggiato in una pensione.	**g.** in contanti
8. — Scusi, può _____ la ricevuta, per favore?	**h.** camera doppia

Punti grammaticali

8.1 I verbi riflessivi e reciproci

A. Franco fa domande sul suo nuovo compagno di stanza. Your brother is moving into an apartment with your friend, Franco, who is asking questions about his habits. Answer each question according to the example.

Esempio   Io mi sveglio presto, e lui?   *Anche lui si alza presto.*

1. Io mi alzo subito, e lui? _____

2. Io mi lavo rapidamente (*quickly*), e lui? _____

3. Io mi rado tutti i giorni, e lui? _____

4. Io mi addormento tardi, e lui? _____

5. Io mi riposo durante il weekend, e lui? _____

B. Abitudini *(Habits).* Complete each sentence with the correct form of the reflexive verb in parentheses.

Esempio (alzarsi) (Io) _____ alle 7.00.
Mi alzo alle 7.00.

1. (svegliarsi) I miei genitori _____ presto.

2. (truccarsi) Tu e tua sorella _____ tutti i giorni.

3. (pettinarsi) Il mio fratellino non _____.

4. (arrabbiarsi) Mia madre _____ con il mio fratellino perché non fa i compiti.

5. (annoiarsi) (Noi) _____ a scuola.

6. (divertirsi) Per fortuna (noi) _____ durante il weekend.

7. (riposarsi) E tu, quando _____?

C. Che cosa fanno? Complete the sentences with a reflexive verb, based on the drawings.

1.

2.

3.

4.

1. Il signor Pini _____ presto per andare al lavoro.

2. Roberto _____ e poi si veste.

3. L'ingegner Marini _____ la giacca *(a jacket)* e esce di casa.

4. Pippo _____ al mare.

D. Che programmi *(plans)* **hanno?** A friend is asking you about what people are planning to do in the near future. Answer affirmatively according to the example.

Esempio   Si divertono i tuoi amici? (volere)
               Sì, vogliono divertirsi.

1. Si sposano i tuoi cugini? (pensare di)

   _____

2. Ti fermi a Roma? (volere)

   _____

3. Si preparano per la partenza i tuoi amici? (dovere)

   _____

4. Si fidanzano Pino e Lia? (sperare di)

   _____

5. Vi riposate tu e i tuoi amici la domenica? (avere bisogno di)

   _____

E. Che cosa vi fate l'un l'altro? Answer each question, using the reciprocal verbs.

Esempio   Dove vi vedete tu e i tuoi compagni?
               Ci vediamo a lezione.

1. Tu e i tuoi amici vi mandate sms?

   _____

2. Quando vi telefonate tu e i tuoi genitori?

   _____

3. Dove vi incontrate tu e i tuoi amici?

   _____

4. Tu e i tuoi compagni vi parlate in inglese o in italiano?

   _____

F. Che cosa fanno? Describe the actions in the drawings using reciprocal verbs.

1.

2.

3.

4.

1. Antonio e Marisa _____.

2. Federico e la sua fidanzata _____.

3. Daniela e Stefano _____.

4. Alle sette di sera Daniela e Stefano _____.

8.2 Il passato prossimo con i verbi riflessivi e reciproci

A. Trasformiamo al passato. Change each sentence to the **passato prossimo**.

Esempio   Gina si alza presto.
          Gina si è alzata presto.

1. Giovanna si trucca prima di uscire.

   _____

2. Noi ci svegliamo presto.

   _____

3. Le due amiche si incontrano al caffè.

   _____

4. Lucia, ti laurei in giugno?

   _____

5. Tu e tuo fratello vi scrivete e-mail.

   _____

6. Antonio si ferma al supermercato.

   _____

B. Che cosa hanno fatto? Complete the sentences with the correct form of the **passato prossimo** of the reflexive verbs in the list. Use each verb once.

addormentarsi   annoiarsi   arrabbiarsi   divertirsi   laurearsi   vestirsi

1. Antonella e il suo ragazzo sono andati alla festa e _____.

2. Graziella è andata a lezione e _____.

3. Abbiamo finito l'università e _____.

4. Siamo andati alle nozze (*wedding*) di Laura e Paolo e _____ elegantemente.

5. Alberto _____ perché la sua ragazza è arrivata con un'ora di ritardo.

6. Sono andato/a a letto tardi e _____ subito (*immediately*).

C. E tu? A friend calls and asks if you did the following things. Answer using the reciprocal construction in the **passato prossimo.**

Esempio   Hai telefonato a tuo padre?
             Sì, ci siamo telefonati.

1. Hai visto la tua ragazza/il tuo ragazzo?

   _____

2. Hai incontrato il professore?

   _____

3. Hai scritto a tuo cugino?

   _____

4. Hai parlato a tua madre?

   _____

8.3 I pronomi indiretti

A. Le domande di papà. Alessandro and Matteo's father wants to know if they are doing the following things. Pretend that you are one of the brothers and answer each question by replacing the underlined words with the appropriate indirect-object pronoun.

Esempio   Telefonate <u>alla mamma</u>?
              Sì, le telefoniamo.

1. Rispondete <u>al professore</u>?

   _____

2. Telefonate <u>ai nonni</u>?

   _____

3. Scrivete un biglietto d'auguri <u>alla zia Matilde</u>?

   _____

4. Rispondete <u>a vostro cugino Pietro</u>?

   _____

5. Scrivete <u>a vostra madre e a me</u>?

   _____

6. <u>Mi</u> telefonate domani?

   _____

B. Risposte al passato. Answer each question by replacing the underlined words with an indirect-object pronoun.

Esempio   Hai scritto <u>a Teresa</u>?
              Sì, le ho scritto.

1. Hai telefonato <u>a Marco</u>?

   _____

2. Hai risposto <u>alla professoressa</u>?

   _____

3. Hai scritto <u>a Mariella</u>?

   _____

4. Hai parlato <u>al dottore</u>?

   _____

5. Hai telefonato <u>ai tuoi amici</u>?

   _____

6. Hai risposto <u>a me e a Gino</u>?

   _____

C. Quando? Filippo wants to know when you and Gino did the following things. Answer using the cue in parentheses and replacing the underlined words with the appropriate indirect-object pronoun.

Esempio   Quando <u>ci</u> avete telefonato? *(yesterday)*
              Vi abbiamo telefonato ieri.

1. Quando avete telefonato <u>a Francesca</u>? *(two weeks ago)*

   _____

2. Quando avete risposto <u>a me e a Roberto</u>? *(last week)*

   _____

3. Quando avete scritto <u>a Luigi</u>? *(last Friday)*

   _____

4. Quando <u>ci</u> avete mandato gli auguri? *(the day before yesterday)*

   _____

5. Quando <u>mi</u> avete telefonato? *(two days ago)*

   _____

6. Quando avete risposto <u>ai vostri genitori</u>? *(last night)*

   _____

7. Quando avete scritto <u>alla nonna</u>? *(last week)*

   _____

D. Molte cose da fare! Answer the questions by replacing the words in italics with an indirect-object pronoun.

Esempio   Devi parlare *al professore*?
              Sì, devo parlargli.

1. Vuoi telefonare *alla dottoressa*? _____

2. Pensi di scrivere *ai nonni*? _____

3. Hai dimenticato di telefonare *al professore*? _____

4. Quando pensi di rispondere *alla zia*? _____

5. Puoi scriver*mi*? _____

6. Potete telefonar*ci* stasera? _____

7. Devi rispondere a *tuo fratello*? _____

E. Ho dimenticato di farlo! Answer each question beginning your sentence with **Ho dimenticato di...** and replacing the words in italics, choosing between the direct and indirect-object pronouns.

Esempio   Hai chiamato *Lucia*?
          Ho dimenticato di chiamarla.

1. Hai comprato *il formaggio*?

_____

2. Hai chiuso *le finestre*?

_____

3. Hai telefonato *a Maria*?

_____

4. Hai parlato *a Stefano*?

_____

5. Hai invitato *Marco e Paolo*?

_____

6. *Mi* hai risposto?

_____

Come si dice in italiano?

1. *Marco and Vanna got married three years ago.*

2. *Marco found a good job at the Fiat plant* (**fabbrica**)*, and his wife continued to* (**a**) *work at the bank.*

3. *One day two months ago, Marco lost (his) job, and their life became very difficult.*

4. *Luckily* (**Fortunatamente**) *one of his father's friends phoned him and gave him a job in his firm* (**ditta**)*.*

5. *Marco called his wife and gave her the good news* (**notizia**)*.*

6. *Now, every morning Marco and his wife get up at 6:00; they wash and get dressed in a hurry.*

7. *They only have time to* (**di**) *drink a cup of coffee. Then they say good-bye to each other* (**salutarsi**) *and go to work.*

Vedute d'Italia Gli ostelli della gioventù

You are about to read a brief description of "ostelli della gioventù," followed by the ratings of two youth hostels in Florence. Based on the information provided, you will need to choose which youth hostel better fits the needs of different young travelers. When finished, answer the following questions.

Gli ostelli della gioventù sono una soluzione molto economica per i giovani viaggiatori. Le stanze sono semplici dormitori con diversi *(several)* letti, spesso letti a castello *(bunk beds)* e gli ospiti *(guests)* devono condividere i bagni e le docce. Molti ostelli hanno una sala di ritrovo *(meeting area)* o una cucina in comune e perciò *(therefore)* ci sono molte occasioni di incontrare altri giovani e fare amicizia *(meet new friends)*.

Vocabolario utile:

asciugacapelli *hairdryer*
asciugamano *towel*
lenzuola *sheets*
pulizia *cleanliness*
sicurezza *safety*

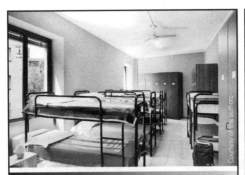

Ostello Accademia

valutazione (da 210 commenti)

stile 92%

posizione 98%
a pochi centinaia di metri dalla stazione di Santa Maria Novella

sicurezza 96%

pulizia 95%

servizi:
Reception 24 ore su 24
deposito bagagli
aria condizionata
asciugamani a noleggio
lenzuola incluse
colazione inclusa
WI-FI gratis

Ostello Plus

valutazione (da 150 commenti)

stile 88%

posizione 90%
In una zona tranquilla a dieci minuti dal centro storico

sicurezza 90%

pulizia 98%

servizi:
asciugamani e lenzuola inclusi
lampade da lettura
cucina
noleggio biciclette
asciugacapelli a noleggio

A. Domande. Che ostello consigli ai seguenti ragazzi e perché?

    Esempio   La pulizia è essenziale per Antonella.
                    Le consiglio l'Ostello Plus perché è molto pulito.

1. Roberto preferisce alloggiare in un posto tranquillo.

    _____

2. Cristina preferisce un posto sicuro.

    _____

3. Guido viaggia in agosto.

    _____

4. Paola ha molta cura *(care)* dei suoi lunghi capelli.

    _____

5. Sandro ama leggere prima di addormentarsi.

    _____

6. Monica viaggia con un computer portatile e scrive un blog.

    _____

B. Secondo te, quali sono i vantaggi e gli svantaggi di stare in un ostello?

_____

_____

_____

_____

_____

_____

_____

_____

_____

_____

Nome ———————————————— Data ——————— Classe ———————

Esercizi orali

Studio di parole Albergo e banca

🔊 **Preparare un viaggio d'affari.** Lorenzo Briganti works in marketing for Prosciutti Marchioro di Bologna,
CD3-19 an Italian meat company. He has to present his company's products to Formaggi Palmieri, a cheese
company in Palermo. He has recorded some notes on his iPod about his plans and last errands. Listen to
his notes, which you will hear twice, then make a list of seven tasks Lorenzo has to deal with before he
leaves (the first one is already written for you).

Promemoria

1. *Telefonare all'ingegner Roberti*
2. _____
3. _____
4. _____
5. _____
6. _____
7. _____

8.1 I verbi riflessivi e reciproci

🔊 **A. Gli impiegati dell'azienda Marchioro.** Listen as the general manager of Prosciutti Marchioro describes
CD3-20 the morning routine of his employees. Indicate which reflexive verb he uses in each sentence, which
will be repeated twice.

Esempio   You hear: La signora Maria si sveglia alle cinque.
             You underline: <u>si sveglia</u> / si alza / si prepara / si scusa

1. si sveglia / si alza / si prepara / si scusa
2. si sveglia / si alza / si prepara / si scusa
3. si sveglia / si alza / si prepara / si scusa
4. si sveglia / si alza / si prepara / si scusa
5. si sveglia / si alza / si prepara / si scusa
6. mi sveglio / mi alzo / mi preparo / mi scuso

🔊 **B. Tu e il tuo amico/la tua amica fate le seguenti cose?** Someone is asking if you and your friend do the
CD3-21 following things. Answer in the affirmative. Then repeat the response after the speaker.

Esempio   Vi divertite alle feste? *Sì, ci divertiamo alle feste.*

1. _____
2. _____
3. _____
4. _____
5. _____

C. E tu (voi) cosa fai (fate)? Ask the question that would elicit each of the following answers. Then repeat after the speaker.

Esempio   Io non mi diverto al cinema.   *Ti diverti al cinema tu?*

1. _____

2. _____

3. _____

4. _____

8.2 Il passato prossimo con i verbi riflessivi e reciproci

A. La giornata di Filippo. Listen to the scrambled description of what Filippo did yesterday and match each sentence with the appropriate drawing. Each sentence will be repeated twice.

a. _____

b. _____

c. _____

d. _____

e. _____

f. _____

1.   2.   3.

4.   5.   6.

B. Tutti si sono divertiti alla festa ieri sera. Listen to the model sentence. Then form a new sentence by substituting the subject given. Repeat each response after the speaker.

Esempio   Io mi sono divertito ieri sera. (Franca)   *Franca si è divertita ieri sera.*

1. _____

2. _____

3. _____

4. _____

5. _____

6. _____

© Cengage Learning

🔊 **C. Formiamo frasi reciproche.** Form a complete sentence, using the cues and the reciprocal construction in
CD3-25 the past tense. Then repeat each response after the speaker.

Esempio   (Carlo e Teresa / scriversi)
                Carlo e Teresa si sono scritti.

1. _____

2. _____

3. _____

4. _____

5. _____

8.3 I pronomi indiretti

🔊 **A. Domande e risposte.** Listen to the following short conversational exchanges between university
CD3-26 students. After you hear each exchange, which will be repeated twice, indicate if an indirect-object
pronoun has been used by placing a checkmark beside the number of that exchange. Each conversation
will be repeated twice.

1. _____   4. _____

2. _____   5. _____

3. _____   6. _____

🔊 **B. A chi scriviamo?** Answer each question, replacing the noun with the appropriate indirect-object
CD3-27 pronoun. Then repeat the response after the speaker.

Esempio   Scrivi a Luigi?
                Sì, gli scrivo.

1. _____

2. _____

3. _____

4. _____

5. _____

🔊 **C. Usiamo il formale.** Answer each question using the formal indirect-object pronoun. Then repeat the
CD3-28 response after the speaker.

Esempio   Professore, mi scrive?
                Sì, Le scrivo.

1. _____

2. _____

3. _____

4. _____

🔊 **D. L'infinito con i pronomi indiretti.** Answer each question by replacing the noun with the appropriate
CD3-29   indirect-object pronoun. Then repeat the response after the speaker.

Esempio   Devo parlare al professore?
Sì, devi parlargli.

1. _____

2. _____

3. _____

4. _____

🔊 **E. Cosa deve fare il compagno di stanza di Marco?** Listen as Marco asks his roommate some questions
CD3-30   and indicate whether a direct- or indirect-object pronoun is used in each answer. Each exchange will be
repeated twice.

Esempio   You hear: — Devi lavare la macchina?
                  — Sì, devo lavarla.
You underline: <u>diretto</u> / indiretto

1. diretto / indiretto   4. diretto / indiretto

2. diretto / indiretto   5. diretto / indiretto

3. diretto / indiretto   6. diretto / indiretto

Adesso ascoltiamo!

🔊 **A. Dettato: La giornata all'università di Michela.** Listen to Michela's description of her day. She is a
CD3-31   student at the University of Venice, where she studies English and French. Her comments will be read
the first time at normal speed, a second time more slowly so that you can supply the missing reflexive
verbs and times, and a third time so that you can check your work. Feel free to repeat the process
several times if necessary.

Stamattina _____ alle _____ perché ho dovuto

andare a prendere il treno delle _____ da Padova per andare all'Università

Ca' Foscari di Venezia. _____ una buona colazione di latte e cereali,

_____ una giacca perché alle _____ fa fresco

e sono andata alla stazione in bici alle _____. Il treno è arrivato puntuale

come sempre al terzo binario e siamo arrivati a Venezia alle _____.

La prima lezione è stata quella di francese e _____, poi sono andata alla

lezione di letteratura alle _____ e _____ perché

ha sempre parlato il professore. A _____, per pranzo, ho incontrato Michele,

il mio ragazzo, _____ e _____ e poi siamo andati

alla mensa universitaria. Lì abbiamo incontrato Luisa e Carlo e abbiamo pranzato tutti insieme.

Alle _____ io e Luisa siamo andate in biblioteca e Carlo e

Michele invece hanno avuto lezione di economia. Alle _____

_____ tutti alla stazione e abbiamo preso il treno per tornare a

Padova. Poi _____ e la sera alle _____

_____.

B. I consigli di un buon padre. Listen as Filippo's father gives him advice about his future, then answer the following questions. His father's comments will be repeated twice.

CD3-32

1. Perché Filippo deve fermarsi?

   _____

2. In che cosa deve laurearsi?

   _____

3. Cosa deve fare quando cerca un lavoro?

   _____

4. Cosa deve fare tutte le mattine?

   _____

5. Cosa non deve fare al lavoro?

   _____

6. Cosa deve fare se vuole divertirsi?

   _____

7. Cosa può fare la sera?

   _____

Mezzi di diffusione

Esercizi scritti

Le regioni d'Italia   La Toscana

La campagna toscana

A. Vero o falso? Read the following statements and decide whether they are true **(vero)** or false **(falso)**. When false, provide the correct statements.

1. Il paesaggio toscano è noto per la sua bellezza.   vero   falso

2. L'italiano moderno deriva dal volgare fiorentino del Trecento.   vero   falso

3. Pisa è il capoluogo della regione.   vero   falso

4. Il panforte è un dolce tipico di San Gimignano.   vero   falso

5. Piazza del Campo si trova a Siena.   vero   falso

6. Il fiume Tevere attraversa Firenze e Pisa.   vero   falso

_____

_____

_____

B. Accoppiamenti. Match the words in the two columns.

1. palio _____	a. potente famiglia che governava a Firenze
2. vino _____	b. San Gimignano
3. marmo _____	c. antico edificio a Firenze
4. Torre Pendente _____	d. antico popolo che abitava nella regione
5. campanile _____	e. Pisa
6. cupola _____	f. Carrara
7. de' Medici _____	g. Brunelleschi
8. Etruschi _____	h. Chianti
9. 13 torri _____	i. Giotto
10. Palazzo Vecchio _____	j. Siena

Studio di parole Stampa, televisione, cinema

© Cengage Learning

A. Cruciverba. Complete the crossword puzzle with the vocabulary in *Studio di parole*.

Orizzontali:

1. La storia di un racconto, romanzo o film

3. Una persona che dirige un film

8. Un genere di romanzi o film ambientati *(set)* in un mondo futuro

9. una persona che scrive racconti o romanzi

Verticali:

2. Le persone che fanno la parte dei personaggi dei film

4. Una persona che scrive articoli per un giornale o una rivista

5. Dove compriamo i giornali e le riviste

6. Le persone che guardano i film o i programmi televisivi

7. Un romanzo o un film con un mistero

B. Alla TV. Complete the sentences with the correct vocabulary expression.

1. Se voglio vedere un DVD, ho bisogno del _____.

2. Per cambiare canale, uso il _____.

3. Se voglio ascoltare le notizie, guardo il _____.

4. La persona che presenta le notizie si chiama l' _____.

5. I _____ sono spesso programmi per bambini.

6. Se non mi piace un programma, cambio _____.

7. Quando ho finito di guardare, devo spegnere il _____.

8. Un programma sulla natura *(about nature)* è un _____.

Punti grammaticali

9.1 L'imperfetto

A. Cosa facevano da piccoli? Complete the sentences with the correct form of the verbs in the **imperfetto**.

1. Io (guardare) _____ i cartoni animati.

2. Antonio (avere) _____ un gatto, Micio.

3. Tu (leggere) _____ prima di addormentarti.

4. Carlo e Francesco (andare) _____ al cinema con i loro genitori.

5. I miei amici ed io (giocare) _____ a nascondino *(hide and seek)*.

6. Marisa (alzarsi) _____ presto.

7. Tu e i tuoi amici (divertirsi) _____ dopo la scuola.

8. Io (bere) _____ del latte a colazione.

9. Tu non (dire) _____ le bugie *(lies)*.

10. Noi (fare) _____ qualche passeggiata il weekend.

B. **Una volta le cose funzionavano diversamente.** Contradict the following statements, beginning each sentence with **Una volta** and changing the verb to the **imperfetto**.

Esempio   I treni arrivano in ritardo.   *Una volta i treni non arrivavano in ritardo.*

1. I libri costano tanto.

    _____

2. Ci sono molti canali alla TV.

    _____

3. C`è molto traffico.

    _____

4. I giovani sono maleducati *(rude)*.

    _____

5. I bambini giocano ai video giochi per troppe ore.

    _____

9.2 Contrasto tra imperfetto e passato prossimo

A. **Una volta *(Once)* o sempre?** Change each sentence to the **imperfetto** or **passato prossimo** according to the expression in parentheses.

Esempio   Piove. (tutti i giorni)   *Pioveva tutti i giorni.*

1. Prendo l'autobus. (di solito)

    _____

2. Il papà ci racconta una favola *(fairy tale)*. (ogni sera)

    _____

3. Prendiamo l'autobus. (ieri sera)

    _____

4. La mamma si arrabbia con i figli. (stamattina)

    _____

5. Ci vediamo. (frequentemente)

    _____

6. Ritornano presto. (ogni giorno)

    _____

7. Si alzano tardi. (il sabato)

    _____

8. Andiamo al cinema. (venerdì scorso)

    _____

9. Vanno in biblioteca. (tutti i giorni)

_____

10. Fate una gita. (la settimana scorsa)

_____

B. **Perché hanno fatto queste cose?** Form complete sentences according to the example. Begin with the **passato prossimo** and then use the **imperfetto** to explain the reasons.

Esempio   (Dino / vendere la macchina / avere bisogno di soldi)
Dino ha venduto la macchina perché aveva bisogno di soldi.

1. (Maria / mettersi un golf *(a sweater)* / avere freddo)

_____

2. (io / restare a casa / non stare bene)

_____

3. (tu / vestirsi in fretta / essere tardi)

_____

4. (i signori Brunetto / cenare prima del solito / avere fame)

_____

5. (noi / fermarsi al bar / avere voglia di bere un caffè)

_____

6. (Pietro / andare a letto presto / avere sonno)

_____

C. **Passato prossimo o imperfetto?** Complete each sentence in the **imperfetto** or the **passato prossimo** according to the meaning.

1. Ieri sera io (andare) _____ a teatro; (esserci)

_____ molta gente.

2. Quando Paolo (ritornare) _____ dagli Stati Uniti, i suoi genitori lo

(aspettare) _____ all'aeroporto.

3. Quando io (ritornare) _____ a casa, mio fratello (giocare)

_____ ai videogiochi, mentre mia madre (leggere)

_____ una rivista.

4. Ieri sera noi (leggere) _____ dalle nove a mezzanotte; poi (andare)

_____ a letto.

5. Tutte le estati la famiglia (passare) _____ un mese di vacanza in

montagna.

Capitolo 9   Mezzi di diffusione   **121**

D. Perché non hanno fatto queste cose? Answer each question according to the example, using the direct and indirect-object pronouns.

Esempi   Avete comprato la frutta?

_____, ma non era bella.

Volevamo comprarla, *ma non era bella.*

Hai telefonato a Marco?

_____, ma non avevo il telefonino.

Volevo telefonargli, *ma non avevo il telefonino.*

1. Hai fatto i compiti?

_____, ma non stavo bene.

2. Avete comprato i giornali?

_____, ma l'edicola era chiusa.

3. Marco ha visto il nuovo film di Roberto Benigni?

_____, ma al cinema c'era troppa gente.

4. Hai parlato a Mirella?

_____, ma non era in casa.

5. Perché non mi hai telefonato?

_____, ma il telefono era sempre occupato.

6. Hai spento la TV?

_____, ma mi sono dimenticato(a).

E. *Sapere* e *conoscere* al passato. Answer each question by using the cue in parentheses and either the **passato prossimo** or the **imperfetto** of *sapere* or *conoscere* according to the meaning.

Esempi   Sapevi che Luisa era a Roma? (no)   Sapevi che Luisa era a Roma? (sì, ieri)
              No, non lo sapevo.   *Sì, l'ho saputo ieri.*

1. Sapevi che Gabriella era sposata? (sì)

_____

2. Sapevi che l'esame d'italiano era oggi? (no, un'ora fa)

_____

3. Sapevi che oggi abbiamo una provetta *(a quiz)*? (no, qualche minuto fa)

_____

4. Conoscevi i genitori del tuo compagno/della tua compagna di stanza? (no)

_____

5. Conoscevi il ragazzo di Alice? (sì, a una festa l'altra sera)

_____

9.3 Il trapassato prossimo

A. Che cosa era successo prima? Answer each question, using the cue in parentheses and the **trapassato prossimo.**

Esempio   Perché Antonio era contento? (prendere un bel voto)
Perché aveva preso un bel voto.

1. Perché Rossella era stanca? (lavorare tutto il giorno)

   _____

2. Perché i due studenti festeggiavano con dello spumante? (laurearsi)

   _____

3. Perché voi avevate sonno? (andare a letto tardi)

   _____

4. Perché eravate arrabbiati? (perdere il treno)

   _____

5. Perché la gente rideva? (sentire una barzelletta *[joke]*)

   _____

B. Cosa ti ha detto? Restate what a friend told you. Start each sentence with **Mi ha detto che,** followed by the **trapassato prossimo.** Make all the necessary changes.

Esempio   Ho comprato un lettore di DVD.
Mi ha detto che aveva comprato un lettore di DVD.

1. Sono rimasto a casa.

   _____

2. Ho invitato degli amici a cena.

   _____

3. Abbiamo mangiato le lasagne.

   _____

4. Abbiamo visto un film di fantascienza.

   _____

5. Ho ascoltato le notizie alla TV.

   _____

6. Sono andato(a) a letto tardi.

   _____

9.4 Avverbi

A. Come fanno queste cose queste persone? Answer each question, substituting the appropriate adverb for the adjective in parentheses.

Esempio   Come cammina il turista? (rapido)
Cammina rapidamente.

1. Come canta Bocelli? (meraviglioso)

   _____

2. Come spiega il professore? (paziente)

   _____

3. Come dormono i bambini? (tranquillo)

   _____

4. Come studiano i ragazzi? (regolare)

   _____

5. Come ascoltano gli studenti? (attento)

   _____

6. Come risponde la signorina? (gentile)

   _____

7. Come funziona la macchina? (perfetto)

   _____

B. Aggettivo o avverbio? Complete each sentence with the appropriate form of the adjective or its corresponding adverb.

Esempi   Lui parla _____. (serio)   **Lui parla** *seriamente.*
           La situazione è _____. (serio)   **La situazione è** *seria.*

1. _____ sono partiti per le vacanze. (probabile)

2. La nostra partenza è molto _____. (probabile)

3. È stato un viaggio _____. (speciale)

4. Abbiamo visitato _____ le colline toscane. (speciale)

5. Viviamo una vita _____. (semplice)

6. Da anni viviamo _____. (semplice)

7. La Maserati è una macchina _____. (veloce)

8. La macchina corre _____. (veloce)

C. La posizione degli avverbi. Answer each question, choosing one of the adverbs in parentheses.

Esempio   Hai visitato Bologna? (mai / già)
Non ho mai visitato Bologna.

1. Quando sei uscito(a) di casa stamattina? (presto / tardi)

_____

2. Quando partite da Milano? (adesso / dopo)

_____

3. Da piccolo/a guardavi la TV? (spesso / raramente)

_____

4. Hai viaggiato in treno? (mai / qualche volta)

_____

5. Vai a scuola in macchina? (sempre / mai / alcune volte)

_____

6. Sei andato(a) all'estero? (spesso / una volta / mai)

_____

7. Sei stato(a) in Italia? (già / non ancora)

_____

9.5 *Da quanto tempo? Da quando?*

A. Da quanto tempo o da quando? Write the question that would elicit each answer, using **Da quanto tempo** or **Da quando** accordingly.

Esempio   Sono a Bologna dal mese scorso.
Da quando sei a Bologna?

1. Sono laureato da un anno.

_____

2. Lavoro dal mese di ottobre.

_____

3. Nino suona la chitarra da molto tempo.

_____

4. Conosco Marisa da diversi mesi.

_____

5. Viviamo in via Garibaldi dall'anno scorso.

_____

6. Gianna e Paolo escono insieme da un mese.

_____

B. Un tuo amico italiano vuole conoscere la tua vita di studente. An Italian student is interviewing you. Answer each question in a complete sentence, using a time expression or the negation **non... ancora.**

Esempio   Da quanto tempo guidi la macchina?
                La guido da... anni.

1. Da quanto tempo frequenti l'università?

_____

2. Da quanto tempo studi l'italiano?

_____

3. Da quanto tempo conosci il tuo migliore amico/la tua migliore amica?

_____

4. Da quanto tempo lavori?

_____

5. Da quanto tempo sei fidanzato(a)?

_____

6. Da quanto tempo non vedi la tua famiglia?

_____

Come si dice in italiano?

1. *Last week I went to a movie with my friend Laura.*

2. *Laura wanted to see an old, romantic movie, a classic. She said they were showing* Casablanca *at a movie theater downtown.*

3. *I had a lot of homework, and I had already seen the movie at least* **(almeno)** *twice, but I had not seen Laura since her birthday, so I decided to go with her* **(lei)**.

4. *When we were coming out of the movie theater, we met John, an old friend of mine. We used to go to the same high school.*

5. *Since it was early, we invited John to come with us* **(noi)** *to have* **(prendere)** *an ice cream at our favorite ice-cream shop* **(gelateria)**, *where they had the best* **(migliore)** *ice cream in town.*

6. *I asked John if he was working or if he was still going to school.*

7. *He said he was attending the university and it was his last year. He was planning* **(progettare)** *to travel for three months at the end of the school year.*

8. *It was 8:00 o'clock and it was beginning to rain. Since we had an umbrella, we decided to walk home in the rain* **(sotto la pioggia)**.

Vedute d'Italia Gli Italiani

In this passage, you are going to read about some features of the way of life in Italy. After you have read the passage answer the comprehension questions.

Un cornetto porta fortuna. Un gatto nero che attraversa la strada porta sfortuna.

Il campanile è il simbolo del paese o della città natale.

Gli Italiani hanno la reputazione di essere geniali nell'arte dell'arrangiamento *(to make do)*. Quest'arte consiste nell'abilità di trovare una soluzione in qualunque *(any)* circostanza, arte che richiede ingegnosità e flessibilità.

Gli Italiani hanno universalmente la fama di «saper vivere», cioè saper dividere il loro tempo tra il lavoro e il divertimento, coltivare le amicizie e stare in buona compagnia. Molti Italiani sono innamorati dell'arte, della musica e della buona cucina. Spesso sono tradizionalisti e legati alla famiglia.

Come tanti popoli *(peoples)* anche gli Italiani hanno le loro superstizioni. Un gatto nero che attraversa la strada può causare una serie di tamponamenti *(cars bumping into each other)*. Ecco alcune delle superstizioni italiane: il numero 13 porta fortuna *(brings good luck)*, mentre il numero 17 porta sfortuna *(bad luck)*. Un cornetto *(little horn)* in oro o corallo protegge dalla sfortuna. «Tocca ferro» *(Touch iron)* è l'espressione che gli Italiani usano e corrisponde all'inglese *knock on wood.*

Un'altra caratteristica che ancora persiste è «il campanilismo»: un profondo sentimento di affetto e di lealtà *(loyalty)* che gli Italiani hanno per il posto dove sono nati o vivono. Il campanile *(belltower)* del loro paese *(hometown)* è il simbolo di questo sentimento. Essere campanilisti significa che l'attaccamento *(devotion)* al proprio *(own)* paese o alla propria città è spesso più forte di quello verso la patria *(home country)*. Il campanilismo si manifesta anche in un antagonismo tra paese e paese, e si estende anche alle manifestazioni folcloristiche e sportive.

1. Che qualità dimostrano spesso gli Italiani?

   a. Sanno trovare una soluzione in tutte le circostanze.

   b. Sono inflessibili.

   c. Non hanno ingegnosità.

2. Che atteggiamento hanno molti Italiani?

   a. Pensano solo a divertirsi.

   b. Pensano solo al lavoro e alla carriera.

   c. Il lavoro è importante come il divertimento.

3. Secondo (*According to*) le superstizioni menzionate nella lettura, quale numero porta sfortuna?

   a. 13

   b. 17

   c. 8

4. Secondo le superstizioni italiane, quale oggetto protegge dalla sfortuna?

   a. un gatto nero

   b. un cornetto

   c. una pietra (*stone*)

5. Che cos'è il campanilismo?

   a. un attaccamento al paese o alla città dove uno è nato

   b. un attaccamento (*attachment*) alla patria

   c. un attaccamento alla chiesa

Nome _____ Data _____ Classe _____

Esercizi orali

Studio di parole Stampa, televisione, cinema

🔊
CD3-33
Annunci alla TV. You are visiting a friend in Italy and have decided to stay home this evening and watch TV. Listen to the announcements about program options, then decide which one you would most enjoy watching and explain why. You will hear each announcement twice.

1. Quale programma preferisci?

_____ **a.** Rai Uno   _____ **d.** Rete Quattro

_____ **b.** Canale 5   _____ **e.** Rai Tre

_____ **c.** La 7

2. Spiega le ragione della tua scelta in una o due frasi.

_____

_____

_____

Pronuncia
The cluster GN

The cluster GN /ɲ/ is pronounced similarly to the **ni** sound in *onion*.

🔊
CD3-34
A. Listen and repeat the following words.

1. signore	**6.** ogni
2. ingegneria	**7.** spagnolo
3. lavagna	**8.** cognome
4. gnocchi	**9.** gnomo
5. vigneto	**10.** ignorante

🔊
CD3-35
B. Repeat the following sentences after the speaker.

1. Il cognome di Agnese è Spagnoli.

2. I signori Agnelli vanno in montagna, non in campagna.

3. L'ingegner Castagna ha fatto un disegno magnifico.

4. Cosa significa la parola *gnomo*?

5. La magnolia ha molti fiori in giugno.

9.1 L'imperfetto

🔊 **A. Cosa faceva la nonna di Marta?** Listen to Marta's grandmother as she describes what she used to do
CD3-36   when she was younger. Then indicate which of the following statements are true **(vero)** and which are
false **(falso).** You will hear the description twice.

		Vero	Falso
1.	Andava a scuola in autobus.	_____	_____
2.	Prendeva latte e pane per colazione.	_____	_____
3.	A pranzo tornava a casa.	_____	_____
4.	Pranzava con i compagni.	_____	_____
5.	Mangiavano la carne e il pesce.	_____	_____
6.	Giocavano un po' nel cortile della chiesa.	_____	_____
7.	Faceva i compiti da sola.	_____	_____
8.	C'era un tutore.	_____	_____
9.	Prendeva il tè alle cinque.	_____	_____
10.	Guardava la televisione.	_____	_____
11.	Studiava o aiutava la mamma prima di cena.	_____	_____
12.	Abitava solo con i suoi genitori.	_____	_____
13.	Tutta la famiglia abitava nella stessa grande casa.	_____	_____

🔊 **B. Ripetiamo con un soggetto diverso.** Listen to the model sentence. Then form a new sentence by
CD3-37   substituting the noun or pronoun given and making all necessary changes. Repeat each response
after the speaker.

    Esempio   Quando io avevo dieci anni, preferivo giocare. (tu)
                Quando tu avevi dieci anni, preferivi giocare.

  1. _____

  2. _____

  3. _____

  4. _____

🔊 **C. Com'era la vita quando il padre di Antonio era bambino?** Antonio's father constantly reminds his
CD3-38   children of how life was when he was young. Recreate his statements by changing the verb of each
sentence to the imperfect tense. Then repeat the response after the speaker.

    Esempio   Mio padre ha sempre ragione.   *Mio padre aveva sempre ragione.*

  1. _____

  2. _____

  3. _____

  4. _____

  5. _____

  6. _____

9.2 Contrasto tra imperfetto e passato prossimo

A. Imperfetto o passato prossimo? Listen as Marta's grandmother reminisces about her youth. Concentrate on her use of the past tenses and indicate which tense—**imperfetto, passato prossimo**— is used in each sentence. Each statement will be repeated twice.

CD3-39

Esempio　　You hear: Quando gli americani sono arrivati sulla luna, il Presidente ha parlato in Parlamento per trenta minuti.
　　　　　　　You underline: imperfetto / <u>passato prossimo</u>

1. imperfetto / passato prossimo

2. imperfetto / passato prossimo

3. imperfetto / passato prossimo

4. imperfetto / passato prossimo

5. imperfetto / passato prossimo

6. imperfetto / passato prossimo

B. Cambiamo le frasi dall'imperfetto al passato prossimo. Change each sentence to the **passato prossimo** as in the example. Then repeat the response after the speaker.

CD3-40

Esempio　　Di solito votavo per i repubblicani.
　　　　　　　Anche ieri ho votato per i repubblicani.

1. _____

2. _____

3. _____

4. _____

C. Cosa ti ha detto il tuo amico americano? During your stay in Italy you met an American student. Now you're telling a friend what he told you about himself. Use the cue to form each sentence. Then repeat the response after the speaker.

CD3-41

Esempio　　Mi ha detto che lavorava in un bar. (vivere con amici)
　　　　　　　Mi ha detto che viveva con amici.

1. _____

2. _____

3. _____

4. _____

5. _____

9.3 Il trapassato prossimo

🔊 **A. Tutti avevano fatto le stesse cose.** Listen to the model sentence. Then form a new sentence by
CD3-42   substituting the subject given and making all necessary changes. Repeat each response after the speaker.

Esempio   Io non avevo capito bene. (Carlo)
Carlo non aveva capito bene.

1. _____
2. _____
3. _____
4. _____
5. _____

🔊 **B. Tutti avevano già mangiato.** The following people didn't eat because they had already done so.
CD3-43   Recreate their statements by substituting the subject given and making all necessary changes.
Repeat each response after the speaker.

Esempio   Io non ho mangiato perché avevo già mangiato. (noi)
Noi non abbiamo mangiato perché avevamo già mangiato.

1. _____
2. _____
3. _____
4. _____

9.4 Avverbi

🔊 **A. Formiamo gli avverbi dagli aggettivi.** Give the adverb corresponding to each of the following
CD3-44   adjectives. Then repeat the response after the speaker.

Esempio   fortunato
fortunatamente

1. _____   6. _____
2. _____   7. _____
3. _____   8. _____
4. _____   9. _____
5. _____   10. _____

🔊 **B. Come abbiamo fatto tante cose!** Filippo is telling his friend Carlo about his honeymoon with
CD3-45   Gabriella. Listen to his description and write down the adverbs that you hear him use. You will hear
the description twice.

_____

_____

_____

🔊 **C. Come ha fatto le cose Patrizia?** Patrizia is talking about herself to some friends. Use the adverb to
3-46   complete each statement. Be sure to use the adverb in the right place. Then repeat the response after the
        speaker.

Esempio   Ho pensato a un viaggio in aereo. (sempre)
                Ho sempre pensato a un viaggio in aereo.

1. _____

2. _____

3. _____

4. _____

5. _____

9.5 *Da quanto tempo? Da quando?*

🔊 **A. Gli studenti d'italiano fanno queste cose da tanto tempo.** Listen as a professor lists what various
CD3-47 students in her class have been doing for some time. Complete each sentence by indicating who has
        been doing what and for how long. Each statement will be repeated twice.

Esempio   You read: _____ il piano da _____.
                You hear: Marco suona il piano da cinque anni.
                You write: *Marco suona il piano da cinque anni.*

1. _____ l'università da _____

2. _____ a basket da _____

3. _____ sciare da _____

4. _____ l'italiano da _____

5. _____ francese dal _____

6. _____ negli Stati Uniti dal _____

🔊 **B. Da quando fate queste cose?** Antonio is asking some friends since when they have been doing
CD3-48 different things. Use the cue to recreate each answer. Then repeat the response after the speaker.

Esempio   Da quando siete qui? (stamattina)
                Siamo qui da stamattina.

1. _____

2. _____

3. _____

4. _____

Adesso ascoltiamo!

🔊 **A. Dettato: *La volpe e il corvo.*** Listen to the famous fable *The Fox and the Crow* by Aesop. It will be read
CD3-49 the first time at normal speed; a second time more slowly so that you can supply the missing verbs in
        the **passato prossimo, trapassato prossimo,** and **imperfetto;** and a third time so that you can check
        your work. Feel free to repeat the process several times if necessary.

© Cengage Learning

Vocabolario utile

bocca *mouth* / boccone *mouthful* / furbo *clever* / ingannare *to deceive* / penna *feather*

re *king* / rubare *to steal* / sciocco *foolish* / vanitoso *vain* / voce *voice*

Un corvo _____ su una finestra un pezzo di formaggio. Lo

_____ ed _____ su un albero

per mangiarlo. Sotto l'albero _____ una volpe furba che

_____ molta fame. Quando la volpe _____ il

corvo _____ di ingannarlo e rubargli il formaggio.

«Che belle penne nere hai!» _____ la volpe, «Se la tua voce è bella come le

tue penne tu sei il re degli uccelli!»

Il corvo, che _____ molto vanitoso, _____

la bocca e _____ a cantare. Così il pezzo di formaggio

_____ a terra e la volpe astuta l'ha preso e _____

in un boccone. Il corvo sciocco _____ senza cibo.

B. Comprensione Now answer the following questions with the information you heard in the fable.

1. Che cosa aveva trovato il corvo? _____

2. Dove era andato? _____

3. Perché la volpe voleva ingannare il corvo? _____

4. Che cosa è successo quando il corvo ha aperto la bocca? _____

5. Che cosa ha fatto la volpe? _____

La moda

10

Esercizi scritti

Le regioni d'Italia L'Umbria

Panorama di Assisi

A. Vero o falso? Read the following statements and decide whether they are true (**vero**) or false (**falso**). When false, provide the correct statements.

1. L'Umbria ha una bella costa con molte spiagge.   vero   falso

2. Il paesaggio è collinare.   vero   falso

3. A Perugia c'è l'Università per Stranieri.   vero   falso

4. La Basilica di San Francesco si trova ad Orvieto.   vero   falso

5. Deruta è nota per l'arte dei mosaici.   vero   falso

6. Il Bacio Perugina è un cioccolatino.   vero   falso

_____

_____

_____

Capitolo 10   La moda   **135**

B. Informazioni. Complete the sentences with the correct word from the list.

agriturismo   artigianato   Fontana   frase   nati   vino

1. Nella zona di Orvieto si produce un ottimo _____ bianco.

2. L'economia dell'Umbria si basa sull'agricoltura, il turismo e l'_____.

3. La _____ Maggiore di Nicola e Giovanni Pisano si trova a Perugia.

4. San Francesco e Santa Chiara sono _____ ad Assisi.

5. I turisti che amano la campagna possono alloggiare in un _____.

6. I Baci Perugina contengono una breve _____ d'amore.

Studio di parole Articoli d'abbigliamento

A. I vestiti e gli accessori. Write the name of the clothing and accessories next to their corresponding numbers.

1. _____
2. _____
3. _____
4. _____
5. _____
6. _____
7. _____
8. _____
9. _____
10. _____
11. _____
12. _____

13. _____
14. _____
15. _____
16. _____
17. _____
18. _____
19. _____
20. _____
21. _____
22. _____
23. _____

B. Un abito per ogni occasione. Answer the following questions with complete sentences. Include the materials: wool, cotton, etc.

1. Cosa ti metti quando hai caldo?

   _____

2. Cosa ti metti quando hai freddo?

   _____

3. Cosa ti metti quando piove?

   _____

4. Cosa ti metti per andare a un colloquio di lavoro (*job interview*)?

   _____

5. Cosa ti metti per andare al mare?

   _____

6. Cosa ti metti per andare a una festa con amici?

   _____

Punti grammaticali

10.1 L'imperativo

A. Rispondi con un imperativo. Answer the questions with the **tu** form of the imperative.

Esempio   Posso venire stasera?
              Vieni!

1. Posso parlare?

   _____

2. Posso entrare?

   _____

3. Posso leggere?

   _____

4. Posso partire?

   _____

5. Posso finire?

   _____

6. Posso uscire?

   _____

B. Dai! Non fare sempre così! Invite your friend to do the opposite of what he or she is doing.

Esempio   Porta molte valigie quando viaggia.
              Non portare molte valigie!

1. Mangia molti dolci.

   _____

2. Spende troppo per i vestiti.

   _____

3. Beve troppo caffè.

   _____

4. È sempre in ritardo.

   _____

5. Sta a letto fino a tardi.

   _____

6. Ha sempre fretta.

   _____

C. Cosa facciamo questo weekend? Invite your friends to do the following things with you.

Esempio   (andare al cinema)
              Andiamo al cinema!

1. (uscire sabato sera)

   _____

2. (prendere un aperitivo)

   _____

3. (cenare al ristorante)

   _____

4. (fare una festa)

   _____

D. Dei compagni di casa impossibili. Invite some very bad housemates to stop doing certain things.

Esempio   Mangiano il tuo cibo.
              Non mangiate il mio cibo!

1. Usano il tuo computer.

   _____

2. Fanno troppo rumore *(noise)*.

   _____

3. Giocano ai videogiochi tutta la notte.

   _____

4. Dimenticano di pagare l'affitto *(rent)*.

   _____

5. Aprono le finestre quando fa freddo.

   _____

E. Siamo gentili! Give the formal imperative of each verb.

Esempio   (entrare)
              Entri!

1. (provare questo vestito) _____

2. (prendere una misura più grande) _____

3. (pagare alla cassa) _____

4. (dare la carta di credito alla commessa) _____

5. (fare attenzione) _____

6. (avere pazienza) _____

10.2 L'imperativo con un pronome (diretto, indiretto o riflessivo)

A. Cosa rispondiamo a un amico/un'amica? A friend is asking if you would like him/her to do the following things. Answer with the direct-object pronouns.

Esempi　　Devo aspettarti? (sì)　　　　　　*Sì, aspettami!*
　　　　　　　Devo comprare il giornale? (no)　*No, non comprarlo!*

1. Devo fare la spesa? (sì)?

   _____

2. Devo comprare il latte? (no)

   _____

3. Devo invitare gli amici a cena? (sì)

   _____

4. Devo preparare le lasagne? (no)

   _____

5. Devo svegliarti domani mattina? (sì)

   _____

B. Consigli ad un amico/un'amica. The same friend is asking you for advice. Answer with the indirect-object pronouns.

Esempi　　Devo telefonare alla mia ragazza? (sì)　*Sì, telefonale!*
　　　　　　　Devo telefonare al mio ragazzo? (no)　*No, non telefonargli!*

1. Devo parlare al professore? (sì)

   _____

2. Devo scrivere a mia madre? (no)

   _____

3. Devo rispondere ai compagni? (sì)

   _____

4. Devo telefonarti? (no)

   _____

C. L'imperativo plurale e i pronomi. You're babysitting two young boys. Ask them to do the following things.

Esempio　　svegliarsi　*Svegliatevi!*

1. lavarsi bene

   _____

2. vestirsi rapidamente

   _____

3. sedersi a fare colazione

   _____

4. prepararsi per andare a scuola

_____

5. mettersi la giacca

_____

6. pettinarsi prima di uscire

_____

D. Cambiamo le frasi al formale! Change the following sentences from the familiar to the formal form of the imperative.

Esempio   Parlale! *Le parli!*

1. Scrivimi! _____

2. Fammi un favore! _____

3. Dalle la ricetta! _____

4. Non telefonargli, scrivigli! _____

5. Alzati presto domani mattina! _____

6. Non invitarli a pranzo, invitali a cena! _____

E. Consigli agli amici! Give some advice to the following people using an affirmative and a negative command.

Esempio   Marco ha sempre sonno.   *Dormi sette ore ogni notte! Non andare sempre a letto tardi!*

1. Anna si sente fuori forma (*out of shape*).

_____

_____

2. È venerdì sera e Marco e Francesco vogliono divertirsi.

_____

_____

3. Un compagno/Una compagna ha preso un brutto voto nell'esame d'italiano.

_____

_____

4. Due studenti italiani vengono a studiare alla tua università per un semestre.

_____

_____

5. Un professore/Una professoressa non è contento(a) perché i suoi studenti si annoiano durante la lezione.

_____

_____

10.3 Aggettivi e pronomi dimostrativi

A. Consigli. You're going shopping for presents with a friend. Ask him/her which item he/she prefers by using the elements given and the appropriate form of the adjectives **questo** and **quello.** Follow the example.

Esempio   (completo grigio / giacca blu)
Preferisci questo completo grigio o quella giacca blu?

1. (maglione di lana / maglietta di cotone)

_____

2. (portafoglio di pelle / borsetta di pelle)

_____

3. (scarpe marrone / stivali neri)

_____

4. (cappotto verde / impermeabile marrone)

_____

B. Impariamo ad usare *quello*. Complete each sentence with the appropriate form of the adjective **quello.**

1. Mi piace _____ cravatta di seta a righe *(striped)* blu.

2. Preferisco _____ guanti di pelle.

3. Provati _____ cappello rosso!

4. Vorrei provare _____ occhiali da sole.

5. Quanto costa _____ abito scuro in vetrina?

C. Quale preferisci? Rispondiamo usando *quello*. Indicate your choice in each of the following situations by substituting the appropriate form of the pronoun **quello** for the noun. Answer in a complete sentence.

Esempio   È la notte di San Silvestro *(New Year's Eve)*. Preferisci uscire con amici noiosi o con amici divertenti?
Preferisco uscire con quelli divertenti.

1. Fa molto freddo. Preferisci metterti un maglione pesante o un maglione leggero?

_____

2. Maria cerca una compagna di casa. Secondo te *(In your opinion)*, preferisce una compagna ordinata o una compagna disordinata?

_____

3. Devi scegliere i corsi per il prossimo semestre / trimestre. Preferisci i corsi difficili ma interessanti, o i corsi facili ma noiosi?

_____

10.4 Le stagioni e il tempo

A. Le quattro stagioni. Identify the four seasons in the drawing.

iStockphoto.com/Magdalena Kucova

1. _____

2. _____

3. _____

4. _____

B. Che tempo fa? Choose one of the following expressions to complete each sentence.

1. Roberto si mette il cappotto perché…	**a.** c'è nebbia.
2. Simonetta porta un abito leggero perché…	**b.** fa bel tempo.
3. La signora esce con l'ombrello perché…	**c.** fa caldo.
4. In montagna, in inverno, fa molto freddo e…	**d.** fa freddo.
5. Dino guida *(is driving)* lentamente con la macchina perché…	**e.** nevica.
6. Il dottor Lisi non si è messo il cappello perché…	**f.** piove.
7. Le ragazze escono a fare una passeggiata perché…	**g.** tira vento.

C. In che stagione siamo? Answer each question in a complete sentence.

1. In quale stagione gli alberi perdono le foglie *(leaves)*?

   _____

2. Qual è la stagione preferita dagli appassionati di sci *(ski)*?

   _____

3. Quale stagione aspettano impazientemente tutti gli studenti?

   _____

4. In quale stagione arriva la Pasqua *(Easter)*?

   _____

5. In quale stagione sei nato(a) tu?

   _____

D. Che tempo ha fatto? Describe the weather in the pictures using the **passato prossimo.**

1. _____   3. _____

2. _____   4. _____

Come si dice in italiano?

1. *Patrizia, why don't we go shopping today?*

2. *Oh, not today. It is raining and it is cold outside. Besides* **(Inoltre)**, *I went shopping yesterday.*

3. *Really? What did you buy?*

4. *I bought these black boots.*

5. *They are very beautiful. Next week I plan to* **(penso di)** *go shopping, too* **(anch'io)**. *Do you want to come with me?*

6. *Yes. What do you want to buy?*

7. *I would like to buy a two-piece suit for my birthday.*

8. *When exactly is your birthday? I know it is in June, but I forgot the exact* **(esatta)** *date.*

9. *I was born on June 17, 1984.*

10. *Oh, that's right! The other day I saw a beautiful silk blouse in Armani's window* **(vetrina)**, *and I am planning to buy that blouse for your birthday.*

11. *Oh, Patrizia, thank you!*

Vedute d'Italia   Due case di moda: Gucci e Dolce & Gabbana

In this passage you are going to read about two famous Italian fashion labels: Gucci and Dolce & Gabbana. After you have read the passage, answer the comprehension questions.

Stefano Gabbana e Domenico Dolce

Gucci è una nota casa di moda italiana. Il fondatore, Guccio Gucci, era un artigiano specializzato nei prodotti di pelle. Ha aperto il primo negozio di borse e valigie a Firenze nel 1921. La fama delle sue creazioni ha cominciato ad attirare *(to attract)* una clientela aristocratica da tutta Europa. Nel 1938 Gucci ha aperto un altro negozio a Roma, in via Condotti, una delle vie più eleganti della città.

Durante gli anni difficili della seconda guerra mondiale, quando il cuoio *(leather)* non era facilmente reperibile *(available)*, Gucci ha cominciato ad usare materiali alternativi come la canapa *(hemp cloth)*, la iuta *(jute)* e il bambù. La prima borsetta con il manico *(handle)* di bambù è diventata un classico. Molti dei prodotti Gucci sono noti per la loro intramontabile *(everlasting)* eleganza.

Oggi a Firenze si può visitare il Museo Gucci che celebra i novant'anni di storia della casa di moda.

Dolce & Gabbana è la casa di alta moda fondata *(founded)* da Domenico Dolce e Stefano Gabbana. La prima sfilata dei due stilisti italiani risale *(dates back)* al 1985. Il successo è stato immediato e oggi il marchio *(brand)* Dolce & Gabbana è uno dei più prestigiosi al mondo, con negozi in molti paesi. Oltre alle collezioni donna e uomo, Dolce & Gabbana ha anche calzature *(footwear)*, biancheria intima *(underwear)* e costumi da bagno. Dolce & Gabbana crea inoltre *(also)* profumi e accessori: orologi e occhiali da sole e perfino *(even)* abbigliamento per cani.

Il marchio è entrato nel campo *(field)* dello sport. Dolce & Gabbana disegna anche le divise *(uniforms)* di due grandi squadre di calcio *(soccer teams)*: il Milan e l'inglese Chelsea Football Club.

Una borsetta di Gucci

Domande

1. Chi era Guccio Gucci?

2. Quando e dove ha aperto il primo negozio?

3. Che cos'è via Condotti?

4. Che materiali ha usato Gucci oltre *(besides)* al cuoio?

5. Dove si trova il museo Gucci?

6. Chi sono Domenico Dolce e Stefano Gabbana?

7. In che anno hanno fatto la prima sfilata?

8. Oltre alle collezioni donna e uomo che cos'altro crea la casa Dolce & Gabbana?

9. Per chi disegna le divise Dolce & Gabbana?

Esercizi orali

Studio di parole Articoli d'abbigliamento

🔊 **Dove e cosa compriamo?** Listen to the following three conversations in which people are talking about
CD4-2 their shopping trips. Identify the store the person went to (**il negozio d'articoli sportivi, il negozio di
scarpe, il negozio d'abbigliamento**) and what he or she bought. You will hear each conversation twice.

Esempio   You hear: — Ciao Marta, dove sei stata?
— Ciao Marianna, sono stata a fare spese con la mia mamma.
— Che bello! E cosa avete comprato?
— Ho trovato un bel vestito azzurro per il matrimonio di mio fratello, sono così
contenta!

You write: Negozio: *il negozio d'abbigliamento*
Articolo: *un vestito azzurro*

1. Negozio: _____

    Articolo: _____

2. Negozio: _____

    Articolo: _____

3. Negozio: _____

    Articolo: _____

10.1 L'imperativo

🔊 **A. Formale o informale?** Listen to the following requests and indicate whether each is formal or informal.
CD4-3 You will hear each request twice.

Esempio   You hear: Prendi l'autobus!
You underline: formal / <u>informal</u>

1. formal / informal

2. formal / informal

3. formal / informal

4. formal / informal

5. formal / informal

6. formal / informal

🔊 **B. Invita gli amici a fare le seguenti cose.** Invite some friends to do the following things, using each verb
CD4-4 given, as indicated in the example. Then repeat the response after the speaker.

Esempio   entrare
Entrate!

1. _____

2. _____

3. _____

4. _____

🔊 **C. Dai Lucia, facciamo queste cose insieme!** You invite Lucia to share with you each of the following
CD4-5   activities. Repeat the correct response after the speaker.

    Esempio   andare al cinema
                Andiamo al cinema!

  1. _____

  2. _____

  3. _____

🔊 **D. Invita Alberto a non fare queste cose.** Tell your friend Alberto not to do the following things. Then
CD4-6   repeat the response after the speaker.

    Esempio   uscire stasera
                Non uscire stasera!

  1. _____

  2. _____

  3. _____

  4. _____

  5. _____

10.2 L'imperativo con un pronome (diretto, indiretto o riflessivo)

🔊 **A. La cena di Pasqua.** Valeria is asking her grandmother if she can help with Easter dinner. Listen
CD4-7   carefully to her questions and indicate which direct-object pronoun is used in each answer. You will
  hear each exchange twice.

    Esempio   You hear: — Nonna, compro il pane?
                      — Sì, compralo!
            You underline: <u>lo</u> / la / li / le

  1. lo / la / li / le   **4.** lo / la / li / le

  2. lo / la / li / le   **5.** lo / la / li / le

  3. lo / la / li / le   **6.** lo / la / li / le

🔊 **B. Mangia Pietro!** Your friend Pietro wants to eat everything in sight. Answer his questions, as in the
CD4-8   example. Then repeat the response after the speaker.

    Esempio   Posso mangiare la torta?
                Mangiala!

  1. _____

  2. _____

  3. _____

  4. _____

🔊 **C. Facciamolo insieme!** Invite your sister to join you in doing the following things. Replace the noun with
CD4-9 the appropriate pronoun. Then repeat the response after the speaker.

Esempio parlare alla mamma
Parliamole!

1. _____

2. _____

3. _____

4. _____

🔊 **D. Ora al plurale!** Your parents have gone away for the weekend, and you're in charge of your two
CD4-10 younger brothers. Tell them what they have to do. Then repeat the response after the speaker.

Esempio alzarsi
Alzatevi!

1. _____

2. _____

3. _____

4. _____

10.3 Aggettivi e pronomi dimostrativi

🔊 **A. A me piace quello!** Listen as people point to and comment on articles of clothing in store windows, and
CD4-11 indicate which form of the demonstrative adjective they are using. Each sentence will be repeated twice.

Esempio You hear: Io vorrei quei pantaloni azzurri.
You underline: quel / quell' / <u>quei</u> / quegli / quella / quelle

1. quel / quell' / quei / quegli / quella / quelle

2. quel / quell' / quei / quegli / quella / quelle

3. quel / quell' / quei / quegli / quella / quelle

4. quel / quell' / quei / quegli / quella / quelle

5. quel / quell' / quei / quegli / quella / quelle

6. quel / quell' / quei / quegli / quella / quelle

B. Vendiamo questi vestiti! Imagine that you are working in a fashionable Italian boutique. Advertise your products, using the cue and following the example. Then repeat the response after the speaker.

CD4-12

Esempio   Questo vestito è elegante. (borsetta)
Questa borsetta è elegante.

1. _____
2. _____
3. _____
4. _____
5. _____

10.4 La stagioni e il tempo

A. Impariamo le stagioni. Repeat after the speaker.

CD4-13

Le stagioni: _____ _____ _____ _____

B. Come sarà il tempo secondo il bollettino meteorologico? Listen to the news, without trying to understand every word, and indicate what the weather is going to be like tomorrow in various parts of Italy. You will hear each statement twice.

CD4-14

Esempio   You hear: Domani fa bel tempo su tutte le regioni.
You underline: brutto tempo / vento / <u>bel tempo</u> / pioggia / neve / caldo

1. brutto tempo / vento / bel tempo / pioggia / neve / caldo
2. brutto tempo / vento / bel tempo / pioggia / neve / caldo
3. brutto tempo / vento / bel tempo / pioggia / neve / caldo
4. brutto tempo / vento / bel tempo / pioggia / neve / caldo
5. brutto tempo / vento / bel tempo / pioggia / neve / caldo
6. brutto tempo / vento / bel tempo / pioggia / neve / caldo

C. Il tempo non è così. Form a new sentence by substituting the cue. Then repeat the response after the speaker.

CD4-15

Esempio   Questa mattina fa bel tempo. (fa brutto tempo)
Questa mattina fa brutto tempo.

1. _____
2. _____
3. _____
4. _____
5. _____
6. _____

Adesso ascoltiamo!

🔊
CD4-16

Dettato: Alessandra fa le valigie. Alessandra is going to Italy for a semester to study Italian and art history at a university in Florence. Listen as she tells what she is packing in her suitcase. You will hear her comments the first time at normal speed, a second time more slowly so that you can supply the missing words, and a third time at normal speed so that you can check your work. Feel free to repeat the process several times if necessary.

Domani parto per Firenze, che bello, non vedo l'ora. Oggi devo _____ e devo pensare

a che _____ è e com'è il _____ a Firenze.

Ora siamo in _____ e fa _____ ma resto a Firenze fino a Natale

e in _____ e _____ fa _____ a Firenze.

Allora adesso posso portare una _____ estiva, con la _____

rossa e i _____ ma non devo dimenticare gli _____ e il

_____. Però devo mettere in valigia dei vestiti per l'_____

e l'_____. Vediamo... devo mettere i _____, le

_____, delle _____, un _____ e l'

_____. Per quando fa più _____ invece, non devo dimenticare un

_____, la _____ pesante e il _____. Devo

anche portare i _____ e la _____. È così difficile pensare all'

_____ quando fa ancora _____!

Le vacanze

11

Esercizi scritti

Le regioni d'Italia Le Marche e la Repubblica di San Marino

Panorama della Repubblica di San Marino

iStockphoto.com/alxpin

A. Vero o falso? Read the following statements and decide whether they are true (**vero**) or false (**falso**). When false, provide the correct statements.

1. Urbino è il capoluogo delle Marche.   vero   falso

2. La Repubblica di San Marino è uno stato indipendente. vero   falso

3. Ancona è un importante porto sul mare Adriatico.   vero   falso

4. La fortezza della Gualta è di epoca rinascimentale.   vero   falso

5. Il Monte Conero è un promontorio sul mare.   vero   falso

6. Le olive all'ascolana sono un contorno.   vero   falso

_____

_____

_____

B. Informazioni. Complete the sentences with the correct word from the list.

carne   palazzo   pesca   indipendenza   spiagge   traghetti

1. La _____ è un'importante industria delle Marche.

2. Dal porto di Ancona partono i _____ per la Croazia, l'Albania e la Grecia.

3. Il _____ ducale di Urbino risale al XV secolo.

4. L' _____ della Repubblica di San Mario è simbolica.

5. La costa delle Marche comprende lunghe _____ sabbiose.

6. Le olive all'ascolana sono riempite di _____, impanate e fritte.

Studio di parole In vacanza

A. Cosa portiamo? Write at least four items for each category.

1. Al mare porto _____.

2. In montagna porto _____.

B. Preferenze. Answer the following questions with complete sentences.

1. Preferisci andare al mare o in montagna?

_____

2. Preferisci dormire in una tenda o in un bell'albergo? Perché?

_____

3. Preferisci prendere il sole o stare sotto l'ombrellone? Perché?

_____

4. Preferisci nuotare nel mare o in una piscina? Perché?

_____

5. Dove preferisci fare una lunga passeggiata?

_____

6. Preferisci andare in barca a vela o giocare a pallavolo sulla spiaggia?

_____

Punti grammaticali

11.1 Il futuro

A. Una giornata al mare. Complete the paragraph with the future tense of the verbs in parentheses.

Domani (io / andare) _____ al mare con i miei amici Marco e Laura.

(Noi / partire) _____ presto e alle nove (essere) _____

già (*already*) sulla spiaggia. Laura (portare) _____ i panini e Marco ed

io (portare) _____ della frutta e delle bibite. Marco ed Laura (prendere)

_____ il sole, ma io (restare) _____ sotto l'ombrellone perché

non voglio scottarmi. (Noi / nuotare) _____ , (fare) _____

una passeggiata lungo la spiaggia e (giocare) _____ a pallavolo (*volleyball*). Tu

(potere) _____ venire con noi?

B. L'oroscopo. Complete the horoscope with the future tense of the verbs in parentheses.

La settimana (cominciare) _____ bene. Oggi (essere) _____

una giornata fortunata. Un parente ti (fare) _____ una bella sorpresa. Tra qualche

giorno, però, (tu / dovere) _____ prendere una decisione difficile. Se tu (cercare)

_____ un consiglio (*advice*), le persone vicino a te (potere) _____

aiutarti. (Tu / conoscere) _____ una persona e voi (avere) _____

una lunga amicizia.

C. Rispondiamo al negativo. Answer each question in the negative, using either the **futuro** or the **passato prossimo,** according to the expression of time in parentheses, and substituting pronouns wherever appropriate.

Esempi   Vedi quel film stasera? (sabato prossimo)   *No, lo vedrò sabato prossimo.*
            Vedi quel film stasera? (sabato scorso)   *No, l'ho visto sabato scorso.*

1. Parti per l'Adriatico oggi? (fra due settimane)

    _____

2. Fai una gita al Lago Maggiore? (tre giorni fa)

    _____

3. Vai all'università stamattina? (domani mattina)

    _____

4. Puoi scrivere la risposta a questa lettera? (fra qualche giorno)

    _____

5. Mangi ora? (fra un'ora)

    _____

6. Mi presti la macchina? (anche ieri)

    _____

D. Cosa faranno l'estate prossima? Write at least two sentences describing what the following people will do next summer. Use the **futuro** tense.

Esempio   *Jenny farà un viaggio. Andrà in Europa e visiterà l'Italia e la Francia.*

Jenny

1. I bambini

2. Giovanni

3. Enrico e la sua ragazza

4. Guido

5. Gianni e Mario

6. Alessandra

1. _____
   _____

2. _____
   _____

3. _____
   _____

4. _____
   _____

5. _____
   _____

6. _____
   _____

E. Cosa farai? A friend is asking Paola whether she is doing the following things, and Paola answers that she will do them when or if other things take place. Answer with a complete sentence, using the cues and following the example.

Esempio   Compri gli scarponi? (se / andare in montagna)
Li comprerò se andrò in montagna.

1. Non monti la tenda? (quando / noi arrivare)

_____

2. Non accendi *(light)* il fuoco? (quando / gli altri ritornare)

_____

3. Non fate un'escursione? (se / non piovere)

_____

4. Non ti riposi? (non appena / essere nel bosco)

_____

5. Porti anche tuo fratello? (se / lui volere venire)

_____

F. Pratichiamo il futuro di probabilità. You're wondering about some friends who have gone to Italy on vacation. Express your conjectures using the **futuro di probabilità** and matching the verbs on the left column with the words on the right.

Esempio   1. (essere)   f. a Roma
              1. *Questa settimana saranno a Roma.*

1. (essere)	**a.** molti gelati
2. (fare)	**b.** i Musei Vaticani
3. (visitare)	**c.** dei souvenir
4. (fare)	**d.** la metropolitana e gli autobus
5. (mangiare)	**e.** molte foto
6. (comprare)	**f.** a Roma
7. (prendere)	**g.** bel tempo

2. _____

3. _____

4. _____

5. _____

6. _____

7. _____

11.2 I pronomi tonici

A. Domande. Answer each question, using the appropriate disjunctive pronoun.

Esempio   Esci con Mariella?
Sì, esco con lei.

1. Abiti vicino a Luciano?

   _____

2. Questa lettera è per noi?

   _____

3. Vai da Pietro e Carlo questa sera?

   _____

4. Vieni con me questa sera?

   _____

5. I tuoi amici vengono in vacanza con te?

   _____

6. Parli italiano con i compagni di classe?

   _____

B. Un weekend al mare. Paolo is writing an e-mail to his friend Maurizio inviting him to go camping with him. Complete the letter with the correct disjunctive pronouns.

Ciao Maurizio, come va?

Questo pomeriggio parto per Rimini. Antonio viene con _____. Staremo in campeggio. Alessandro ha la tenda e doveva partire con _____, ma non può, perché ha un esame lunedì prossimo. Tra un'ora devo andare da _____ a prendere la tenda. Se sei libero, e hai voglia di andare al mare, chiamami. Passiamo da _____ a prenderti in macchina, non ci sono problemi. Anna e Laura preferiscono stare a casa. Il campeggio non fa per _____ *(is not their cup of tea)*. Preferiscono un bell'albergo! Be', ci sentiamo.

Paolo

11.3 *Piacere*

A. Impariamo il verbo *piacere*. Form a sentence using the cues, according to the example.

Esempi   (Mario / viaggiare) *A Mario piace viaggiare.*
              (i bambini / i dolci) *Ai bambini piacciono i dolci.*

1. (Arturo / la montagna)

   _____

2. (mio padre / i soldi)

   _____

3. (i miei amici / la letteratura)

   _____

4. (il mio professore / Firenze)

   _____

5. (il mio gatto / i pesci)

   _____

6. (gli studenti / le vacanze)

   _____

B. Situazioni. Complete the sentences in an original way, using the verb **piacere**.

Esempio   Quando ho sete, _____.
              Quando ho sete, *mi piace bere dell'acqua minerale.*

1. Quando Maria va al mare, _____.

2. Quando hai tempo libero, _____.

3. Quando Riccardo va in montagna, _____.

4. Quando siamo al lago, _____.

5. Quando siete sulla spiaggia, _____.

6. Quando i miei amici fanno il campeggio, _____.

C. Il weekend. A group of friends are talking about what happened during the weekend. Ask them questions, using the verb **piacere**, according to the example.

Esempio   Marco: Sono rimasto a casa e ho letto un libro.
              Tu: *Ti è piaciuto?*

1. Carla: Ho visto un film al cinema.

   Tu: _____?

2. Antonio: I miei amici ed io abbiamo mangiato la pizza.

   Tu: _____?

3. Andrea: I miei genitori hanno conosciuto la mia ragazza.

   Tu: _____?

4. Laura: Ho cucinato le lasagne per Antonio.

   Tu: _____?

5. Franco: Ho fatto un regalo a Marisa, perché era il suo compleanno.

   Tu: _____?

11.4 Il *si* impersonale

A. Dal *noi* al *si* impersonale. Your friend is telling you what he and his friends do when they are on vacation. Substitute the impersonal **si** for the **noi** form.

Esempio   Leggiamo ogni sera.
              Si legge ogni sera.

1. Dormiamo fino a tardi.

   _____

2. Andiamo al mare.

   _____

3. Facciamo passeggiate.

   _____

4. Giochiamo a calcio.

   _____

5. Non studiamo.

   _____

B. Usiamo il si impersonale. Answer the following questions by using the impersonal **si**.

1. Che cosa si fa al mare? (due azioni)

   _____

2. Che cosa si fa in montagna? (due azioni)

   _____

3. Che cosa si fa durante le lezioni d'italiano? (tre azioni)

   _____

4. Perché si va a uno stadio?

   _____

5. In che ristorante della vostra città si mangia bene e si spende poco?

   _____

Come si dice in italiano?

1. *It is August and Franca and Raffaella are beginning their vacation* (**vacanze** [f., pl.]) *today.*

2. *Since they don't like to travel by train, they are traveling by car and will arrive tomorrow in the beautiful Dolomites* (**Dolomiti** [f., pl.]).

3. *They will camp there for a week.*

4. *We will stop near a lake, so we will have water to* (**per**) *wash and cook.*

5. *I like your idea! And we will be able to swim every day!*

6. *Since it is my first camping experience* (**esperienza**), *you will pitch the tent and I will help you.*

7. *Then we will take the backpack and go for a short hike* (**escursione**).

8. *How is the weather in the mountains?*

9. *It is probably beautiful. The weather forecast* (**le previsioni del tempo**) *stated that* (**dire che**) *it will be nice weather until next Friday.*

10. *Franca and Raffaella arrived and camped, but unfortunately it rained all week.*

Vedute d'Italia Fare il ponte

You are about to read about an Italian custom called **fare il ponte**. This custom, which means literally "building a bridge," enables people to add a vacation day to a public holiday in order to extend their time off work or school. After you have read the passage, answer the comprehension questions.

«Fare il ponte» è una frase idiomatica che descrive una tradizione italiana. «Fare il ponte» significa trasformare un giorno di lavoro, che si trova tra due giorni di festa, in un giorno di vacanza. Per esempio, se il 25 aprile, Festa della Liberazione, cade di giovedì, gli Italiani prendono il venerdì come giorno di vacanza, così hanno un weekend di quattro giorni. Molti alberghi e compagnie aree offrono dei prezzi speciali per questi weekend lunghi che chiamano «vacanza ponte». L'usanza di «fare il ponte» esiste nelle aziende (companies), negli uffici pubblici e nelle scuole.

Ci sono già nel calendario italiano alcune feste che consentono (allow) di avere un giorno di vacanza extra. Per esempio, la festa di Santo Stefano dopo il giorno di Natale, o la Festa del Lunedì dell'Angelo, o Pasquetta, dopo la domenica di Pasqua. Questo uso porta benefici alle famiglie che possono passare del tempo insieme: possono fare il campeggio o una gita al mare o in montagna. Con «il ponte» ogni attività si blocca nelle aziende, causando dei ritardi nella produzione. Inoltre, si possono verificare notevoli disagi (difficulties) nei trasporti pubblici e negli ospedali, ma nessuno si lamenta (nobody complains) e tutti sono contenti di questa usanza (custom). «Fare il ponte» è un'usanza destinata a rimanere nella vita degli Italiani.

Domande.

1. Che cosa significa «fare il ponte»?

   _____

2. Cosa offrono molti alberghi e compagnie aeree?

   _____

3. Quali sono due esempi di feste che permettono di avere un giorno di vacanza extra?

   _____

4. Quali sono i benefici che derivano dal «fare il ponte»?

   _____

5. Quali problemi può creare «il ponte» per le aziende e per le industrie?

   _____

6. Perché gli Italiani non vogliono rinunciare (give up) all'usanza di «fare il ponte»?

   _____

Esercizi orali

Studio di parole In vacanza

🔊
CD4-17 **Le vacanze di Filippo e Gabriella.** Gabriella and Filippo are trying to decide where to go this summer. Listen as Gabriella reads aloud to Filippo from brochures about four possibilities. You will hear the information she shares twice. For each trip, provide the basic information specified below. To help you, some information has been filled in.

	Destinazione	Mezzo di trasporto	Località o città da visitare
Primo viaggio	Mediterraneo	_____	_____
Secondo viaggio	_____	treno	_____
Terzo viaggio	_____	_____	night club e bellissime spiagge
Quarto viaggio	_____	_____	_____

E tu, quale di questi viaggi preferisci? Explain which of the four trips you prefer and why.

_____

_____

_____

Pronuncia

Le consonanti doppie

🔊
CD4-18 The sound of a double consonant is longer and more explosive than the sound of a single consonant. To pronounce it correctly, shorten the sound of the preceding vowel and hold the sound of the double consonant twice as long. Note how these word pairs with single vs. double consonants have completely different meanings.

A. Repeat the following words after the speaker.

1. nono (*ninth*)   nonno (*grandfather*)
2. sete (*thirst*)   sette (*seven*)
3. speso (*spent*)   spesso (*often*)
4. sera (*evening*)   serra (*greenhouse*)
5. pala (*shovel*)   palla (*ball*)
6. caro (*dear / expensive*)   carro (*cart / wagon*)
7. eco (*echo*)   ecco (*here is / here are*)
8. lego (*I bind / tie*)   leggo (*I read*)
9. copia (*copy*)   coppia (*couple*)
10. camino (*chimney*)   cammino (*I walk*)

🔊 **B.** Listen to the speaker and underline the word that you hear in the sentence.
CD4-19

Esempio   You hear: — Ho molta sete, vorrei un bicchiere d'acqua.
                You underline: <u>sete</u>   sette

1. pala   palla

2. rosa   rossa

3. lego   leggo

4. speso   spesso

5. caro   carro

6. camino   cammino

11.1 Il futuro

🔊 **A. Le attività degli studenti di Parma questo weekend.** Listen as Marina describes what her
CD4-20   friends at the University of Parma plan to do this weekend and match each activity in the right column
         with the correct person on the left. You will hear each statement twice.

_____ 1. Andrea   **a.** finirà i compiti d'italiano.

_____ 2. Marco   **b.** mangerà in un buon ristorante.

_____ 3. Enrico   **c.** partirà in treno per Parigi.

_____ 4. Valeria   **d.** passerà il weekend al mare.

_____ 5. Carlo   **e.** visiterà la torre di Pisa.

_____ 6. Gabriella   **f.** passerà il weekend in montagna.

🔊 **B. Tutti passeremo le vacanze al mare.** Listen to the model sentence. Then form a new sentence by
CD4-21   substituting the subject given. Repeat each response after the speaker.

Esempio   Io passerò le vacanze al mare. (tu)
                Tu passerai le vacanze al mare.

1. _____

2. _____

3. _____

4. _____

🔊 **C. Noi tutti ci divertiremo!** Listen to the model sentence. Then form a new sentence by substituting the
CD4-22   subject given and making all necessary changes. Repeat each new response after the speaker.

Esempio   Luisa si divertirà quest'estate. (io)
                Io mi divertirò quest'estate.

1. _____

2. _____

3. _____

4. _____

11.2 I pronomi tonici

A. A chi tocca (Whose turn is it)? Maria's parents will be away on vacation for one week. Listen as Maria and her mother decide who will do which chore during their absence. Indicate after each exchange which **pronome tonico** Maria uses in her responses. You will hear each exchange twice.

Esempio   You hear: — Lunedì tocca a Marco lavare la macchina.
                         — Sì, tocca a lui.
              You underline: a me / <u>a lui</u> / a lei / a noi / a voi / a loro

1. a me / a lui / a lei / a noi / a voi / a loro
2. a me / a lui / a lei / a noi / a voi / a loro
3. a me / a lui / a lei / a noi / a voi / a loro

4. a me / a lui / a lei / a noi / a voi / a loro
5. a me / a lui / a lei / a noi / a voi / a loro
6. a me / a lui / a lei / a noi / a voi / a loro

B. Per chi sono i regali? You've bought many presents, and Linda wants to know for whom they're intended. Answer using the disjunctive pronoun. Then repeat the response after the speaker.

Esempio   La borsa è per tua madre?
              Sì, è per lei.

1. _____
2. _____
3. _____
4. _____
5. _____

11.3 *Piacere*

A. La festa di Alessio. Alessio is organizing a trip to Ibiza, a Spanish island, and he is asking his friends about their preferences in travel and food. While you listen to the six exchanges, match each friend with his/her preference from the choices. Each exchange will be repeated twice.

Esempio   You hear: — Carla, a te piace viaggiare in macchina?
                         — No, a me piace viaggiare in treno.
              You read: _____ Carla
                        a. in aereo   **b.** in treno   **c.** a piedi   **d.** in macchina
              You write: ___*b*___ Carla

1. _____ Franco

   a. in aereo   **c.** a piedi
   b. in treno   **d.** in macchina

2. _____ Liliana

   a. i piatti cinesi   **c.** i burrito
   b. la pizza   **d.** la bistecca

3. _____ Filippo

    a. il lago   **c.** il mare
    b. la montagna   **d.** le isole

4. _____ Antonio

    a. i piatti messicani   **c.** i burrito
    b. i piatti cinesi   **d.** la pizza

5. _____ Lucia

    a. il lago   **c.** il mare
    b. la montagna   **d.** le isole

6. _____ Alessio

    a. andare in vacanza con la famiglia   **c.** andare in vacanza con gli amici
    b. andare in vacanza da solo   **d.** andare in vacanza con la sua ragazza

◀))) **B. Conosciamoci!** Your new friend Giovanni wants to know you better. Answer in the affirmative or in
CD4-26   the negative according to the cue. Then repeat the response after the speaker.

    Esempio   Ti piace nuotare? (sì)
                Sì, mi piace.

    1. _____

    2. _____

    3. _____

    4. _____

◀))) **C. Cosa piace al tuo migliore amico?** Lisa is going to buy a present for her boyfriend, who happens
CD4-27   to be your best friend. She needs to know what he likes. Answer in the affirmative or in the negative,
  according to the cue. Then repeat the response after the speaker.

    Esempi   (un libro / sì) *Sì, gli piace.*
              (dei cioccolatini / no) *No, non gli piacciono.*

    1. _____

    2. _____

    3. _____

    4. _____

    5. _____

11.4 Il *si* impersonale

CD4-28

A. A casa della nonna Clara. Franco has invited his friend Marco to come with him to visit his grandparents at their house in the country for the weekend. Listen as he tells Marco what they can do during their visit, and fill in the missing impersonal form of the verb in each of his comments.

Esempio   You see: La mattina _____ con il nonno in campagna.
You hear: La mattina si lavora con il nonno in campagna.
You write: *si lavora*

1. La mattina _____ fino a tardi e poi _____ colazione con latte e pane fresco.

2. A mezzogiorno _____ tutti insieme a tavola con il nonno e la nonna.

3. Nel pomeriggio _____ gli zaini e _____ a fare una passeggiata sulle colline.

4. La sera _____ presto per cenare con i nonni, la nonna prepara sempre la mia torta preferita.

5. Dopo cena _____ a piedi e _____ i ragazzi e le ragazze del paese che giocano a basket o a calcio.

6. A casa della mia nonna _____ proprio bene.

CD4-29

B. Marco risponde con il *si* impersonale. Dino is asking his friend Marco about doing different activities together. Marco agrees to everything. Recreate Marco's answers using the impersonal **si.** Then repeat the response after the speaker.

Esempio   Andiamo alla riunione stasera?
Sì, si va alla riunione.

1. _____

2. _____

3. _____

4. _____

Adesso ascoltiamo!

CD4-30

A. Dettato: La lettera dei nonni di Antonio. Antonio has received his grandparents' response to his letter, reproduced in your textbook, and he's reading it to his friend Marcello who will accompany him on the trip. The letter will be read the first time at normal speed, a second time more slowly so that you can supply the appropriate forms of the missing verbs in the **futuro,** and a third time so that you can check your work. Feel free to repeat the process several times if necessary.

Caro Antonio, _____ molto felici di averti qui con noi presto. Quando

_____, prima di Ferragosto, la nonna _____

la lasagna, il tuo piatto preferito. _____ tutti insieme anche con i tuoi

cugini così _____ quanto è cresciuta la piccola Liliana. Non vediamo

l'ora di conoscere il tuo amico Marcello. Digli che _____ restare a

dormire da noi anche lui, non è un disturbo! Non importa se non _____ rimanere a lungo, _____ tempo per parlarci e ci

_____ tutto della tua nuova scuola. _____ con

la macchina di Marcello, _____ stare attenti al traffico. Siamo sicuri che

_____ moltissimo e a noi _____ vedervi e avervi

come ospiti. Siamo sicuri che _____ un buon viaggio. Salutaci tanto la tua

mamma e il tuo papà. Un caro saluto affettuoso, il nonno e la nonna.

B. Una vacanza indimenticabile (*unforgettable*). Listen as Carla tells her friend Vittoria about her recent vacation with her boyfriend Michele. Then answer the following questions. The conversation will be repeated twice.

CD4-31

1. Vittoria non vede Carla da...

   a. un weekend.
   b. tanto tempo.
   c. un mese.
   d. una vita.

2. Carla deve raccontare a Vittoria di...

   a. una gita in montagna.
   b. un viaggio all'estero.
   c. un weekend con Michele.
   d. una vacanza al mare.

3. Carla e Michele sono partiti che faceva tempo...

   a. bello.
   b. nuvoloso.
   c. fresco.
   d. bruttissimo.

4. Quando Michele e Carla sono arrivati al campeggio di Santa Margherita...

   a. faceva bel tempo.
   b. pioveva.
   c. tirava vento.
   d. faceva freddo.

5. Dopo aver messo la tenda sono andati...

   a. al ristorante.
   b. in discoteca.
   c. alla spiaggia.
   d. a fare la spesa.

6. Quando Michele e Carla sono ritornati al campeggio...

   a. era tardi.
   b. la tenda non era più al suo posto.
   c. erano arrivati degli amici.
   d. sono andati a dormire.

7. Michele e Carla hanno risolto (*solve*) il problema...

   a. chiamando la polizia.
   b. tornando a casa.
   c. attaccando la tenda alla macchina.
   d. andando in albergo.

8. Poi Carla e Michele hanno deciso di...

   a. dormire.
   b. andare al ristorante.
   c. ridere (*laugh*).
   d. sposarsi l'anno prossimo.

La casa

12

Esercizi scritti

Le regioni d'Italia Il Lazio e lo Stato del Vaticano

Roma: il fiume Tevere e la Basilica di San Pietro

A. Vero o falso? Read the following statements and decide whether they are true **(vero)** or false **(falso)**. When false, provide the correct statements.

1. Lo Stato del Vaticano è indipendente dal 1946.   vero   falso

2. Oggi il Pantheon è una basilica cristiana.   vero   falso

3. L'arco di Costantino fu costruito per celebrare una vittoria militare.   vero   falso

4. *La scuola di Atene* è un affresco di Michelangelo.   vero   falso

5. Un(a) turista che desidera tornare a Roma deve gettare una moneta   vero   falso
   nel fiume Tevere.

6. Le guardie svizzere sono responsabili della sicurezza dello Stato del Vaticano.   vero   falso

_____

_____

_____

Capitolo 12   La casa   **167**

B. Informazioni. Answer the following questions.

1. Quanti abitanti ha Roma?

   _____

2. Quale architetto ha progettato il colonnato di Piazza San Pietro? In quale stile?

   _____

3. Dove si trova la Cappella Sistina? Perché è famosa?

   _____

4. In quali campi *(fields)* ha avuto un profondo impatto la civiltà dell'antica Roma?

   _____

   _____

5. Che cosa sono i bucatini all'amatriciana? Li hai mai assaggiati *(tasted)*?

   _____

Studio di parole La casa e i mobili

A. In quale stanza? Indicate where the following pieces of furniture and appliances should be in an apartment in Italy. Follow the example.

Esempio   un letto   *Lo metto in camera.*

1. un lampadario

   _____

2. sei sedie

   _____

3. un televisore

   _____

4. uno specchio

   _____

5. un forno

   _____

6. un tappeto

   _____

7. un armadio

   _____

8. due poltrone

   _____

B. Parole incrociate. Solve the following crossword puzzle using the vocabulary from this chapter.

Orizzontali:

1. Quello persiano è sotto il tavolo in sala da pranzo.

8. La usiamo per lavare piatti, pentole e posate.

11. Servono per aprire la porta di casa.

12. Qui cuciniamo le torte e le lasagne.

13. Lo paghiamo al padrone di casa.

Verticali:

2. La mettiamo sul tavolo prima *(before)* dei piatti e delle posate.

3. Qui ci sono piante, fiori e anche un prato *(lawn)*.

4. Li compriamo per arredare *(to furnish)* la casa.

5. È coperto *(covered)* di tegole *(tiles)* rosse.

6. Lo facciamo quando cambiamo casa.

7. Qui laviamo la frutta e la verdura.

9. La usiamo per bere il caffè o il tè.

10. Può essere singolo o matrimoniale.

© Cengage Learning

Punti grammaticali

12.1 *Ne*

A. Conosciamo Claudio. Lisa wants to know many things about Claudio. Answer each of her questions using **ne** and the cue in parentheses.

Esempio   Ha degli amici? (molti)
Sì, ne ha molti.

1. Ha dei fratelli? (uno) _____

2. Quanti corsi segue? (quattro) _____

3. Ha degli esami questa settimana? (due) _____

4. Beve del caffè? (poco) _____

5. Legge dei libri? (molti) _____

B. Il nuovo appartamento. You are moving into a new apartment. A friend is asking you and your room-mate about the move. Answer each question in either the affirmative or the negative using **ne**.

Esempio   Avete parlato del trasloco? (sì)
               Sì, ne abbiamo parlato.

1. Avete bisogno di mobili nuovi? (no)

   _____

2. Siete contenti di abitare vicino all'università? (sì)

   _____

3. Avete voglia di fare una festa sabato sera? (sì)

   _____

C. Un weekend rilassante *(relaxing).* You spent a couple of days relaxing at home. Your friend Luciano wants to know how you have been spending your time.

Esempio   Quanti film hai visto? (tre)
               Ne ho visti tre.

1. Quante pizze hai mangiato? (due)

   _____

2. Quanti libri hai letto? (uno)

   _____

3. Quante email hai scritto? (molte)

   _____

4. Quanti CD hai ascoltato? (tanti)

   _____

D. Preparativi per la cena. You are planning a dinner party with a friend. Answer your friend's questions using **ne** and the cue in parentheses.

Esempio   Quanti amici vuoi invitare? (quattro)
               Voglio invitarne quattro.

1. Quante bistecche devo comprare? (sei)

   _____

2. Quante torte vuoi preparare? (due)

   _____

3. Quante bottiglie di vino devo comprare? (tre)

   _____

4. Quanto pane vuoi comprare? (mezzo chilo)

   _____

E. Quando ne abbiamo bisogno? Answer the questions using **ne.** Follow the example.

Esempio Quando hai bisogno della pentola a pressione? la pentola a pressione
Ne ho bisogno quando cucino il minestrone.

Vocabolario utile: tostare *to toast*   un frullato *a smoothie*

1. la pentola

2. il cavatappi

3. la macchinetta per il caffè

4. il frullatore

5. la padella

6. il tostapane

© Cengage Learning

1. Quando hai bisogno della pentola?_____

2. Quando hai bisogno del cavatappi? _____

3. Quando hai bisogno della macchinetta per il caffè?_____

4. Quando hai bisogno del frullatore?_____

5. Quando hai bisogno della padella?_____

6. Quando hai bisogno del tostapane?_____

12.2 *Ci*

A. Impariamo ad usare *ci*. Answer each question using **ci** and the cue in parentheses.

Esempio Quando sei andato(a) in centro? (ieri)
Ci sono andato(a) ieri.

1. Quando siete stati a Firenze? (un anno fa)

_____

2. Quando è andato a New York Franco? (a settembre)

_____

3. Quando sei andato(a) dal dentista? (tre mesi fa)

_____

4. Quando siete arrivati a Boston? (giovedì)

_____

B. **Perché?** Answer each question in an original way, using **ci.**

   Esempio Perché vai in biblioteca?
   Ci vado per studiare.

   1. Perché vai al cinema? _____

   2. Perché vai alla stazione? _____

   3. Perché vai al negozio di mobili? _____

   4. Perché vai al parco? _____

C. **Un appartamento ammobiliato.** Marco, Luca and Francesco are looking for a new apartment. Complete their dialogue with the missing verbs and using **ci** or **ne**, as appropriate.

   Marco: Francesco ed io andiamo a vedere un appartamento ammobiliato in via Roma. Vieni anche tu?

   Luca: No, _____. Devo studiare. Quanto tempo ci vuole da via Roma
   all'università?

   Marco: _____ venti minuti a piedi.

   Luca: È un po' lontano. Abbiamo bisogno della macchina?

   Marco: No, _____. Se non vuoi camminare, c'è l'autobus.

   Luca: Avete parlato dell'affitto con il padrone di casa?

   Marco: Sì, _____. Non è troppo alto.

   Luca: Quante camere da letto ha l'appartamento?

   Marco: _____ tre, con due bagni, salotto e cucina.

D. **Risponde il padrone di casa.** Marco is now calling the landlord to enquire if the following things are in the apartment. Write the landlord's answers in the affirmative or negative according to the cue.

   Esempi Ci sono delle sedie? (sì, quattro)   Ci sono delle sedie? (no)
   Sì, ce ne sono quattro.   *No, non ce ne sono.*

   1. Ci sono dei tavoli? (no)

   _____

   2. Ci sono delle poltrone? (sì, due)

   _____

   3. Ci sono dei divani? (sì, uno)

   _____

   4. Ci sono dei letti? (sì, tre)

   _____

12.3 I pronomi doppi

A. Quando eri piccolo(a). When you were a child, did your mother, your father, or other relatives do the following things for you? Answer using a double-object pronoun.

Esempio   La mamma ti comprava i giocattoli?
Sì, me li comprava.

1. Il papà ti leggeva i libri?

   _____

2. I nonni ti portavano le caramelle *(candy)*?

   _____

3. La mamma ti preparava la colazione?

   _____

4. Il papà ti spiegava i compiti quando erano difficili?

   _____

B. Come risponde il signor Bianchi, il padrone di casa? Mr. Bianchi is renting his house. The tenant wants other features added to the rental and Mr. Bianchi agrees to almost everything.

Esempio   Signor Bianchi, mi affitta la casa?
Sì, gliela affitto.

1. Mi vende i mobili? (sì)

   _____

2. Mi lascia il telefono? (sì)

   _____

3. Mi regala la vecchia lavastoviglie? (sì)

   _____

4. Mi firma il contratto? (sì)

   _____

5. Mi presta cento euro? (no)

   _____

C. Aiuti tuo padre ad affittare la casa al mare? Someone is going to rent your father's beach house, and your father wants to know if you've done the following things for the new tenant.

Esempio   Gli hai mostrato la casa?
Sì, gliel'ho mostrata.

1. Gli hai dato il mio numero di telefono?

   _____

2. Gli hai mostrato i mobili?

   _____

3. Gli hai dato la chiave?

_____

4. Gli hai presentato i vicini?

_____

5. Gli hai lasciato il contratto?

_____

D. Vai a trovare Arturo in montagna. You're going to visit Arturo at his mountain cabin. He forgot a few things and asks you to bring them.

Esempio   Puoi portarmi la mia giacca pesante? (sì)
Sì, posso portartela.

1. Puoi portarmi i guanti di lana? (sì)

_____

2. Puoi portarmi il mio gatto? (no)

_____

3. Puoi portarmi gli sci *(skis)*? (sì)

_____

4. Puoi portarmi la mia poltrona nera? (no)

_____

E. Cosa ci mettiamo? What do these people wear on cold, rainy days?

Esempio   Ti metti il cappotto?   Ti metti i sandali?
Sì, me lo metto.   *No, non me li metto.*

1. Roberta si mette gli stivali?

_____

2. Luigi si mette l'impermeabile?

_____

3. Ci mettiamo i pantaloncini corti?

_____

4. I bambini si mettono le magliette di cotone?

_____

12.4 I numeri ordinali

A. Pratichiamo i numeri ordinali. Write complete sentences, using the ordinal number in parentheses.

Esempio   (4ª pagina / libro)
              È la quarta pagina del libro.

1. (1ª parte [f.] / romanzo)

   _____

2. (3ª riga / pagina)

   _____

3. (9ª domanda / esercizio)

   _____

4. (10º giorno / mese)

   _____

5. (12º anno / nostra collaborazione)

   _____

6. (25º anniversario / loro matrimonio)

   _____

7. (100ª parte / dollaro)

   _____

8. (2ª settimana / gennaio)

   _____

B. A che piano? The following people have offices in a new high rise in Milan. Complete the locations with the ordinal numbers to indicate on what floor their offices are.

1. Il dott. Biagi   (2º) _____ piano

2. L'ingegner Ricci   (7º) _____ piano

3. L'avvocato Rinaldi   (11º) _____ piano

4. Il signor Ferrari   (4º) _____ piano

5. La signora Alessi   (5º) _____ piano

Come si dice in italiano?

1. *Giulia has been living in San Francisco for a month with her friend Kathy, and now she wants to rent an apartment.*

2. *Today Kathy is helping her find one; she reads her the newspaper ads.*

3. *I found one that I like: "Studio, Golden Gate Park, available immediately. $950."*

4. *How big is a studio? How many rooms are there?*

5. *There is only one, with a bathroom.*

6. *Now here they are near Golden Gate Park to see the studio.*

7. *The manager* (**l'amministratore** [*m.*]) *shows it to them.*

8. *Giulia is enthusiastic about* (**di**) *the studio and asks Kathy what* (**cosa**) *she thinks of it.*

9. *I like it a lot, because there are big windows with a view* (**vista**) *of the park.*

10. *Next Saturday Giulia will be able to move to* (**nel**) *her new apartment.*

Vedute d'Italia Arredamento «*Made in Italy*»

In this passage you are going to read about modern Italian home design. After you have read the passage, answer the comprehension questions.

Una moderna cucina italiana

Nel campo dell'arredamento *(home design)* il design italiano si è affermato in tutto il mondo per la sua originalità e innovazione. Dai mobili per il salotto, come divani e poltrone a quelli della cucina, lo stile italiano unisce la forma *(style)* alla funzionalità.

Nella foto si vede una moderna cucina italiana. I mobili sono pratici e allo stesso tempo eleganti. Notate il contrasto di colore tra i mobili e gli accessori chiari e lucidi *(shiny)* e il pavimento e le pareti *(walls)* scure.

La poltrona dallo stile lineare, in struttura d'acciaio *(steel)*, è prodotta della ditta Cassina.

Il design originale risale al 1929 ed è diventato un classico dell'arredamento moderno.

Una caffettiera Alessi

Molti designer si specializzano anche negli accessori per la casa e la cucina: dalle posate, alle pentole e ai piccoli elettrodomestici. Una ditta molto nota è l'Alessi. Nel 1979 ha introdotto la caffettiera 9090 che ha rivoluzionato lo stile tradizionale delle macchinette da caffè italiane. Oggigiorno questa caffettiera è esposta *(displayed)* nella collezione permanente del museo MOMA a New York.

Una poltrona Cassina

Domande

1. Perché il design italiano si affermato nel campo dell'arredamento?

2. Che cosa unisce lo stile dei mobili italiani?

3. Come sono i mobili della cucina nella foto? Ti piacciono le cucine moderne? Perché sì o no?

4. Perché la poltrona della ditta Cassini è un classico dell'arredamento moderno?

5. In che cosa si specializzano molti designer italiani?

6. Che cosa ha prodotto la ditta Alessi nel 1979?

7. Dove è esposta?

Esercizi orali

Studio di parole La casa e i mobili

🔊 **Il nuovo appartamento di Marina.** Your friend Marina has invited you over to see her new apartment.
CD4-32 Listen to her description as she gives you a tour. The description will be repeated twice.

A. Based on her description, match the words on the two columns.

1. Il frigorifero e la lavastoviglie	**a.** ha i muri rossi.
2. La sala da pranzo	**b.** è piccolo ma nuovo.
3. Il divano	**c.** sono nuovi e molto efficienti.
4. La camera da letto di Marina	**d.** è grande e luminosa.
5. La camera degli ospiti	**e.** è rumorosa, ma ha i mobili antichi della nonna di Marina.
6. Il bagno di Marina	**f.** è bello e rosso.
7. Il secondo bagno	**g.** non è grande, ma molto tranquilla.
8. Lo studio	**h.** è vicino alla cucina.

1. _____   5. _____

2. _____   6. _____

3. _____   7. _____

4. _____   8. _____

B. Now answer the following question.

Ti piacerebbe abitare in un appartamento come quello di Marina? Perché sì o perché no?

_____

_____

12.1 *Ne*

🔊 **A. Quando si usa *ne*?** Sergio is looking for a roommate and Lorenzo is looking for an apartment to
CD4-33 share. Listen as they ask each other about their habits in order to determine whether they might room
together. Indicate with a checkmark whether or not the pronoun **ne** is used in each of their exchanges.
Each exchange will be repeated twice.

Esempio   You hear: — Compri il pane tutti i giorni?
              — *Sì, ne compro mezzo chilo.*

           You write: ✓

_____ 1.

_____ 2.

_____ 3.

_____ 4.

_____ 5.

_____ 6.

🔊 **B. Rispondiamo con *ne*.** Your girlfriend wants to know if you need the following people or things in order to
CD4-34 be happy. Answer in the affirmative or in the negative using **ne.** Then repeat the response after the speaker.

Esempio   Hai bisogno di un palazzo? (sì)
              Sì, ne ho bisogno.

1. _____

2. _____

3. _____

4. _____

🔊 **C. C'è posto anche per Riccardo nel nostro appartamento?** Riccardo is considering moving into the
CD4-35 apartment you're already sharing with a friend. Answer his questions using **ne.** Then repeat the
response after the speaker.

Esempio   Quante stanze avete? (quattro)
              Ne abbiamo quattro.

1. _____

2. _____

3. _____

4. _____

12.2 *Ci*

A. Conosciamoci. Sergio and Lorenzo have decided to share Sergio's apartment. Now they are asking each other questions about their routines and preferences. As you listen, place a checkmark beside the number of each exchange in which **ci** is used. Each exchange will be repeated twice.

Esempio   You hear: — Vai all'università in macchina?
— *No, ci vado in autobus.*

You write: ✓

_____ 1.

_____ 2.

_____ 3.

_____ 4.

_____ 5.

_____ 6.

B. Pensi ai problemi nel mondo? You and a friend are talking about the world's problems. Answer each question, using **ci** and the cue. Then repeat the response after the speaker.

Esempio   Pensi all'inflazione? (spesso)
Ci penso spesso.

1. _____

2. _____

3. _____

4. _____

C. Com'è l'appartamento? Marco is inquiring about an apartment. Answer his questions using **ci** and **ne** and the cue. Then repeat the response after the speaker.

Esempio   Quante stanze ci sono? (tre)
Ce ne sono tre.

1. _____

2. _____

3. _____

4. _____

12.3 I pronomi doppi

◀))) A. La mamma è preoccupata. Lorenzo has moved in with his friend Sergio. His mother is worried and
CD4-39 is asking a lot of questions about his habits, new apartment, and roommate. While you listen to their
conversation, concentrate especially on Lorenzo's answers and indicate which double-object pronouns
he uses. Each question and answer will be repeated twice.

Esempio You hear: — Mostri l'appartamento a tua sorella?
— Sì, glielo mostro.
You underline: te lo / me la / <u>glielo</u> / ce ne / ve lo / te la

1. te lo / me la / glielo / ce ne / ve lo / te la

2. te lo / me la / glielo / ce ne / ve lo / te la

3. te lo / me la / glielo / ce ne / ve lo / te la

4. te lo / me la / glielo / ce ne / ve lo / te la

5. te lo / me la / glielo / ce ne / ve lo / te la

6. te lo / me la / glielo / ce ne / ve lo / te la

◀))) B. Rispondiamo con i pronomi doppi. Franca is asking if you'll give her the following things. Answer in
CD4-40 the affirmative, using double-object pronouns. Then repeat the response after the speaker.

Esempio Mi dai il libro?
Sì, te lo do.

1. _____

2. _____

3. _____

4. _____

◀))) C. Com'è l'appartamento delle cugine di Luisa e Marta? Luisa and Marta are visiting their cousins and
CD4-41 are asking many questions. Answer their questions, using the appropriate double-object pronouns.
Then repeat the response after the speaker.

Esempio Ci mostrate l'appartamento?
Sì, ve lo mostriamo.

1. _____

2. _____

3. _____

4. _____

🔊 **D. Usiamo i pronomi doppi con l'infinito.** Answer each question in the affirmative, using double-object
CD4-42 pronouns. Then repeat the response after the speaker.

Esempio   Puoi darmi il libro d'italiano?
                Sì, posso dartelo.

1. _____

2. _____

3. _____

4. _____

12.4 I numeri ordinali

🔊 **A. Impariamo a pronunciare i numeri ordinali.** Repeat each phrase after the speaker.
CD4-43

_____   _____

_____   _____

_____   _____

_____   _____

_____   _____

🔊 **B. Qual è il numero ordinale?** Give the ordinal number that corresponds to the cardinal number.
CD4-44 Then repeat the response after the speaker.

Esempio   You hear: undici
                You say: *undicesimo*

_____   _____

_____   _____

_____   _____

_____   _____

🔊 **C. Quando usiamo i numeri ordinali?** Repeat the following names and centuries after the speaker.
CD4-45

1. Papa Giovanni XXIII; Vittorio Emanuele III; Luigi XVI

2. Il secolo XIII; Il secolo XVIII; Il secolo XX

Adesso ascoltiamo!

🔊 **A. Dettato: Un appartamento signorile in centro a Firenze.** Listen to the voice mail left for you by your
CD4-46 roommate Franco describing an elegant apartment in the center of Florence. It will be read the first time at normal speed, a second time more slowly so that you can supply the missing words, and a third time so that you can check your work. Feel tfree to repeat the process several times if necessary.

Nel centro storico di Firenze, offro _____ signorile molto grande con tre

_____ da letto e doppi servizi. _____ è molto grande,

ben attrezzata e bene illuminata da due grandi _____. L'appartamento è

parzialmente ammobiliato: ci sono _____ e _____ in salotto,

e anche una scrivania. Nella cucina c'è _____ con _____

per otto persone. Ci sono _____ in ogni _____. Se

_____ vuole l'accesso all'Internet può _____ telefonando

alla compagnia del telefono. L'appartamento si trova al _____ piano di un grande

_____ in via Oliveto e _____ abita nell'appartamento vicino.

Al _____ del palazzo c'è la cassetta della posta e ci vuole una piccola chiave

per aprir _____. Se _____ desidera tenere un animale

domestico deve _____ un deposito di 300 euro al momento del contratto. C'è

_____ per salire al _____ piano. Il _____

si trova dietro _____. _____ è di 800 euro al mese. Per favore

telefonare ore pasti al seguente numero e chiedere di Paolo: 055-45679.

🔊 **B. Com'è cambiata la casa italiana?** Cristina is looking for an apartment to share with her university friends
CD4-47 Simona and Carla. Listen as Cristina and her grandmother discuss her search for an apartment, and indicate whether the following statements are true (**Vero**) or false (**Falso**). Their conversation will be repeated twice.

	Vero	Falso
1. La ricerca di un appartamento va molto bene.	_____	_____
2. Gli appartamenti sono brutti.	_____	_____
3. L'affitto è molto alto.	_____	_____
4. Cristina preferisce vivere con i genitori.	_____	_____
5. Cristina preferisce dormire di più.	_____	_____
6. L'appartamento ha due camere da letto.	_____	_____
7. Possono usare la sala da pranzo come studio.	_____	_____
8. La sala da pranzo è piccola.	_____	_____
9. Il frigo è nuovo e c'è la lavastoviglie.	_____	_____
10. Non c'è l'ascensore.	_____	_____
11. C'è un posto per le bici.	_____	_____
12. Alla nonna sembra una cattiva soluzione.	_____	_____
13. Cristina decide di firmare il contratto.	_____	_____

Il mondo del lavoro

13

Esercizi scritti

Le regioni d'Italia L'Abruzzo e il Molise

La spiaggia di Termoli (Molise)

A. Vero o falso? Read the following statements and decide whether they are true (**vero**) or false (**falso**). When false, provide the correct statement.

1. Il Gran Sasso è il monte più alto degli Appennini.   vero   falso

2. L'Abruzzo e il Molise una volta formavano un'unica regione.   vero   falso

3. L'Aquila è il capoluogo del Molise.   vero   falso

4. Il trabucco è un piatto tipico del Molise.   vero   falso

5. La pastorizia è un'importante risorsa delle due regioni.   vero   falso

6. L'Abruzzo e il Molise sono due regioni industriali.   vero   falso

_____

_____

_____

B. Domande. Answer the following questions.

1. Quali esemplari di fauna protetta vivono nel Parco Nazionale del Gran Sasso?

   _____

2. Che cosa è successo in Abruzzo il 6 aprile del 2009?

   _____

3. Per quali prodotti culinari è noto l'Abruzzo?

   _____

4. Dove si trova Termoli?

   _____

5. Com'è il clima del Molise?

   _____

Studio di parole Il mondo del lavoro

A. Cosa manca (is missing)? Read Antonio's story and fill in the missing words from the list below.

assumere	aumento	colloquio	disoccupato	guadagnare
lavoro	licenziarsi	stipendio	requisiti	

Antonio cerca un nuovo _____. Vuole uno _____ più alto

perché ha bisogno di _____ più soldi. Il suo capo (boss) non ha voluto dargli

un _____ e così Antonio ha deciso di _____. Oggi ha un

_____ in una nuova ditta. Uno dei _____ è saper parlare

inglese e Antonio è molto contento perché lui lo parla molto bene. Se la nuova azienda decide di

_____ Antonio, lui non sarà più _____.

B. Parole incrociate. Solve the following crossword puzzle using the vocabulary from this chapter.

© Cengage Learning

Orizzontali

2. Amministra la contabilità di una ditta. *(m./f.)*

7. Insegna all'università. *(f.)*

9. Progetta case e palazzi. *(m./f.)*

10. Ripara i motori delle automobili. *(m.)*

11. Ha una laurea in legge. *(m./f.)*

Verticali

1. Assiste il medico in ospedale. *(m.)*

3. Cura i denti *(teeth)* dei suoi pazienti. *(m./f.)*

4. Lavora in un ufficio e tiene in ordine i documenti. *(f.)*

5. Ripara i fili della luce *(electrical wires)*. *(m.)*

6. Consiglia ai pazienti come risolvere i loro problemi personali. *(f.)*

8. È un medico che opera *(operates)* i pazienti in ospedale. *(m./f.)*

Punti grammaticali

13.1 Il condizionale presente

A. Impariamo le forme del condizionale. Complete each sentence in the conditional.

    Esempio   (mangiare) Noi _____ un panino.   *Noi **mangeremmo** un panino.*

1. (uscire) Anna e Paolo _____ stasera, ma non possono.

2. (scrivere) Io ti _____, ma non ho il tuo indirizzo.

3. (piacere) Vi _____ lavorare in una banca?

4. (andare) Antonio _____ in pensione, ma è ancora troppo giovane.

5. (stare) Tu _____ a casa volentieri perché sei stanco.

6. (fare) Noi _____ domanda, ma non abbiamo i requisiti.

7. (vivere) I miei genitori _____ volentieri in campagna.

8. (venire) Tu _____ con me questa sera?

9. (essere) Io _____ contento di lavorare per la tua ditta.

10. (avere) Tu _____ tempo di guardare il mio curriculum?

B. Cosa farebbero? Decide what the following people would do in each circumstance. Choose a verb from the list and write a sentence in the conditional.

alzarsi presto	andare a dormire	fare sciopero	licenziarsi
mangiare una pizza	prendere un caffè	scusarsi	studiare di più

    Esempio   Luigi e Pino hanno fame.
                    *Luigi e Pino **mangerebbero** una pizza.*

1. Sei arrivato(a) in ritardo a un appuntamento.

    _____

2. Gli operai vogliono un aumento di stipendio.

    _____

3. Avete preso un brutto voto.

    _____

4. Abbiamo sonno.

    _____

5. Devo partire alle sei di mattina.

    _____

6. A Marco non piace il suo lavoro.

_____

7. Vado a fare colazione al bar.

_____

13.2 Il condizionale passato

Che cosa avrebbero fatto? Indicate what each person would have done in the following circumstances.

Esempio   La macchina non funzionava. (Franco / comprare una macchina nuova)
          Franco avrebbe comprato una macchina nuova.

1. La banca era chiusa. (Teresa / aspettare)

_____

2. Il professore era ammalato. (gli studenti / non andare a lezione)

_____

3. I giornali annunciavano lo sciopero dei treni. (voi / non partire)

_____

4. Lisa ha organizzato una festa. (le sue amiche / venire)

_____

5. Hai invitato degli amici a cena. (tu / fare il tiramisù)

_____

13.3 Uso di *dovere, potere* e *volere* nel condizionale

A. Cosa dovrebbero fare? What should these people do to solve their problems? Use the verb **dovere** in the conditional to give them advice.

Esempio   Teresa ha preso un brutto voto in italiano.
          Dovrebbe studiare di più.

1. Carlo e Gino sono sempre senza soldi.

_____

2. Tu sei sempre stanco(a).

_____

3. Tu e io mangiamo troppo.

_____

4. Le due amiche cercano lavoro.

_____

B. Cosa potrebbero fare? Use the verb **pote**re in the conditional to say what career or studies the following people could pursue based on their inclinations.

Esempio   Antonio ama le scienze a vuole aiutare la gente.
Potrebbe fare il medico. / Potrebbe studiare medicina.

1. A me piace la matematica.

_____

2. A Liliana interessa la legge.

_____

3. Ci piace lavorare con i computer.

_____

4. Vi piacciono gli edifici e le costruzioni.

_____

C. Cosa vorrebbero fare? If these people could have one wish granted, what would they want?

Esempio .   il professore d'italiano (andare in pensione)
Il professore d'italiano vorrebbe andare in pensione.

1. gli studenti (imparare senza studiare)

_____

2. io (diventare milionario[a])

_____

3. tu e io (fare un viaggio in Africa)

_____

4. tu (avere una villa sul lago di Como)

_____

D. Che cosa avrebbero dovuto fare? Indicate what the following people should have done to avoid their mistakes.

Esempio   Carlo ha avuto un incidente. (guidare con prudenza)
Avrebbe dovuto guidare con prudenza.

1. Ho perso le chiavi *(keys)*. (fare attenzione)

_____

2. Laura si è arrabbiata con suo figlio. (avere pazienza)

_____

3. I miei amici hanno perso il treno. (arrivare prima alla stazione)

_____

4. Noi siamo arrivati a scuola in ritardo. (uscire di casa prima)

_____

13.4 Esclamazioni comuni

Esclamazioni! What would you say in the following circumstances?

1. Tua cugina ti annuncia il suo fidanzamento.

   _____

2. Il tuo compagno ha preso un brutto voto nell'esame.

   _____

3. Un vicino di casa ti chiede se andrai in vacanza e tu non sei sicuro(a).

   _____

4. Un tuo parente ha ricevuto una promozione.

   _____

5. È il primo gennaio.

   _____

6. Vuoi convincere il tuo amico/la tua amica a venire al cinema con te.

   _____

7. Tutti sono a tavola pronti a mangiare.

   _____

8. Un pedone (*pedestrian*) attraversa la strada e non vede un autobus che arriva.

   _____

9. Festeggiate una promozione con lo champagne.

   _____

10. Tuo nonno è caduto ma non si è fatto male (*did not hurt himself*).

    _____

Come si dice in italiano?

1. *Robert S. graduated from college and is looking for a job.*

2. *He applied to many companies and today he has an interview.*

3. *Would you have a job for a person with my qualifications?*

4. *We will be hiring a few people for our firm next month.*

5. *I would like to work as an accountant.*

6. *Well, maybe we might have a job for you next month.*

7. *Very well, thank you. Here is my resume. You can call me on my cell phone or send me an e-mail.*

8. *Best of luck! Who knows? One day you might become an executive.*

Vedute d'Italia Le donne italiane più colte *(educated)* ma con meno lavoro

You are about to read information about the conditions of Italian women in the workplace. When finished, complete the activity below.

Le donne italiane hanno fatto passi da gigante *(giant steps)* negli ultimi trent'anni. Molte donne ora hanno posizioni che anni fa erano esclusivamente maschili: giudici *(judges)*, avvocati, direttori di scuola, dirigenti di aziende, medici e senatori. Anche se la situazione sembrerebbe migliorata, in realtà c'è ancora molta strada da fare, come risulta da una recente ricerca fatta dal Centro Nazionale delle Ricerche (CNR). Risulta che anche se le donne sono accademicamente più qualificate, quando cercano lavoro sono sorpassate *(passed over)* dagli uomini.

All'università le donne non abbandonano gli studi come gli uomini, solo il 10,3% contro il 15,5%. Più donne finiscono gli studi entro il periodo di tempo previsto: il 10,6% contro il 9% degli uomini. Le donne si laureano più frequentemente con il massimo dei voti *(highest grades)*: 26,9% contro il 17,7% degli uomini. Questo si verifica non solo nelle discipline umanistiche, ma anche in facoltà come quelle di agraria e ingegneria.

Secondo le ricerche del CNR i problemi nascono quando le donne cercano lavoro, specialmente nel campo scientifico, dove solo il 7% delle donne riesce ad ottenere una posizione importante.

Sono però interessanti i risultati di un sondaggio; alla domanda rivolta al pubblico: Per una posizione di poliziotto, sindaco *(mayor)*, ministro, è meglio *(better)* un uomo o una donna? La risposta sorprendente è stata: è meglio una donna.

Vero o falso? Indicate whether the statements are true **(V)** or false **(F)**, based on the information in the reading. Correct any false statements.

1. _____ V _____ F Le donne hanno lavori oggi che non avevano trent'anni fa.

   _____

2. _____ V _____ F Gli uomini sono più qualificati dal punto di vista accademico.

   _____

3. _____ V _____ F Più donne finiscono gli studi entro il periodo previsto.

   _____

4. _____ V _____ F Più uomini si laureano con il massimo dei voti.

   _____

5. _____ V _____ F Le donne ora si laureano anche in campo scientifico.

   _____

6. _____ V _____ F Le donne hanno più difficoltà a trovare lavoro.

   _____

7. _____ V _____ F Molte donne hanno posizioni importanti nel campo scientifico.

   _____

8. _____ V _____ F Gli Italiani preferiscono che siano le donne ad occupare cariche pubbliche.

   _____

Esercizi orali

Studio di parole Il mondo del lavoro

CD5-2

Che lavoro vogliono fare gli amici di Marco? Listen as Marco and three friends—Lucio, Sergio, and Valentina—discuss what they would like to do after graduation. Then indicate whether the following statements are true **(V)** or false **(F)**. You will hear the conversation twice.

	V	F
1. Lucio non ha parlato con il professor Berti.	_____	_____
2. Lucio si laurea in chimica.	_____	_____
3. Il professor Berti aiuterà Lucio a trovare lavoro.	_____	_____
4. Lucio potrebbe lavorare come chimico di laboratorio.	_____	_____
5. Lavorare per un'azienda farmaceutica non è il sogno di Lucio.	_____	_____
6. Marco ha deciso di seguire la carriera di suo padre.	_____	_____
7. Sergio consegue la laurea in ingegneria.	_____	_____
8. Sergio deve aiutare suo padre con l'azienda agricola.	_____	_____
9. Valentina consegue una laurea in arredamento d'interni.	_____	_____
10. Valentina non pensa di trovare lavoro facilmente.	_____	_____

Pronuncia

CD5-3

La lettera R. The sound of the letter *r* in Italian is quite different from the English *r*. The trilled *(rolled)* /r/ is produced by vibrating the tip of the tongue on the palate, behind the upper front teeth.

A. *R* singola. Repeat the following words after the speaker.

1. risotto	2. loro	3. rumore	4. primo	5. padre	6. magro
7. bere	8. ramo	9. crema	10. bruno	11. fresco	

CD5-4

B. Il suono *TR*. To pronounce *tr* correctly, make sure to keep your tongue against the front teeth rather than on the palate. Repeat the following words after the speaker.

1. tre	2. centro	3. trullo	4. nostro
5. tra	6. triste	7. quattro	8. strada

CD5-5

C. *R* doppia. Compare the sounds of the single versus double *r*. Practice pronouncing the double *r* by lengthening the trill. Repeat the following words after the speaker.

1. caro / carro
2. sera / serra
3. pori / porri
4. cuore / corre
5. vero / verrò

🔊 **D. Frasi.** Repeat the following sentences after the speaker.
CD5-6

1. Rosa, Rita e Renata sono tre care ragazze.

2. La madre di Riccardo ha aperto il regalo.

3. Carlo è triste perché ha perso il treno.

4. Perché corri per la strada?

13.1 Il condizionale presente

🔊 **A. I vantaggi e gli svantaggi di una professione.** Laura is talking with a career counselor at her univer-
CD5-7 sity about whether to pursue a degree in psychology **(psicologia)** or pediatric medicine **(pediatria)**.
As you listen to their conversation, write next to each statement whether it refers to **psicologia** or
pediatria.

1. Dovrebbe studiare per molti anni. _____

2. La laurea sarebbe più breve. _____

3. Non sarebbe sicura di trovare un lavoro. _____

4. Lavorerebbe con suo padre. _____

5. Avrebbe già dei pazienti. _____

6. Farebbe il training in uno studio. _____

7. Riceverebbe un buono stipendio. _____

8. Non guadagnerebbe tanti soldi. _____

🔊 **B. Dove andrebbero?** Where would the following people go? Form new sentences using the cues. Then
CD5-8 repeat the response after the speaker.

Esempio   (Carlo / al mare)
           Carlo andrebbe al mare.

1. _____

2. _____

3. _____

4. _____

🔊 **C. Daresti questi consigli a Tommaso?** You like your friend Tommaso, but he is far from perfect. Would you
CD5-9 tell him what his flaws are to improve your relationship? Form sentences using the cues and following the
example. Then repeat the response after the speaker.

Esempio   È curioso. (no)
           Non glielo direi.

1. _____

2. _____

3. _____

4. _____

13.2 Il condizionale passato

A. Che cosa avrebbe fatto Pierino? Pierino is second-guessing what his friends have done. Listen as he says what he would have done in the following situations and write in the conditional verbs that he uses. Each of his statements will be repeated twice.

Esempio   You read: Io _____ l'ombrello!
You hear: Piove. Io avrei preso l'ombrello!
You write: *avrei preso*

1. Io ne _____ una nuova!

2. Io _____ a dormire!

3. Io _____ una festa!

4. Io _____!

5. Io _____ un aumento!

6. Io _____ dei fiori!

B. Cosa avresti comprato a Roma? Last summer you and your family were walking down a street in Rome when you saw that a boutique was having a sale. Say what you would have bought if you had the money. Then repeat the response after the speaker.

Esempio   (io / una camicetta)
Io avrei comprato una camicetta.

1. _____

2. _____

3. _____

4. _____

5. _____

C. Anche loro avrebbero fatto la stessa cosa. Listen to the model sentence. Create new sentences using the subject given. Then repeat the response after the speaker.

Esempio   Io non mi sarei divertito. (Anna)
Anna non si sarebbe divertita.

1. _____

2. _____

3. _____

4. _____

5. _____

13.3 Uso di *dovere*, *potere* e *volere* nel condizionale

CD5-13

A. I consigli della mamma di Emanuela. Listen to a series of exchanges between Emanuela and her mother. Indicate in each case which modal verb—**dovere, potere**, or volere—Emanuela's mother uses in response to her daughter's comment. Each exchange will be repeated twice.

Esempio   You hear: — Maria non prende dei buoni voti.
— Dovrebbe studiare di più.
You underline: <u>dovrebbe</u> / potrebbe / vorrebbe

1. dovrebbero / potrebbero / vorrebbero

2. dovrebbe / potrebbe / vorrebbe

3. dovrebbe / potrebbe / vorrebbe

4. dovrebbero / potrebbero / vorrebbero

5. dovresti / potresti / vorresti

6. dovrebbe / potrebbe / vorrebbe

CD5-14

B. Siamo più gentili! Make each statement less forceful by changing the verb from the present to the conditional. Then repeat the response after the speaker.

1. Esempio   Io devo studiare di più.
Io dovrei studiare di più.

_____

_____

2. Esempio   Puoi farmi un favore?
Potresti farmi un favore?

_____

_____

3. Esempio   Voglio andare in vacanza.
Vorrei andare in vacanza.

_____

_____

CD5-15

C. Cosa avremmo dovuto fare? Listen to the model sentence. Then form a new sentence by substituting the subject given. Repeat each response after the speaker.

Esempio   Avrei dovuto studiare di più. (Giulia)
Giulia avrebbe dovuto studiare di più.

1. _____

2. _____

3. _____

4. _____

5. _____

Adesso ascoltiamo!

🔊 **A. Dettato: La professione di Luigi.** Listen as Luigi tells his father about his new job as a lawyer in a legal
CD5-16 firm in the center of Milan. You will hear his description the first time at normal speed, a second time
more slowly so that you can supply the appropriate forms of the missing verbs in the conditional, and a
third time so that you can check your work. Feel free to repeat the process several times if necessary.

Papà, _____ vedere il mio nuovo ufficio di _____.

È in un palazzo elegante nel centro di Milano. _____ portarti a vederlo, ti

_____ molto. Non è molto grande e non c'è una finestra ma è tutto per me.

_____ uno studio più grande e anche uno _____

più alto ma il mio capo mi ha detto che _____ ricevere presto un

_____ se lavoro duramente. I miei _____ di lavoro

sono molto gentili, _____ invitarli a cena un sabato sera. La mamma

li _____ molto simpatici. Papà, poiché tu hai dei problemi legali

con alcuni dipendenti, il mio collega Mario, che si specializza in diritto (*law*) aziendale,

_____ darti dei consigli.

L'avvocato Marietti, uno dei soci (*partners*) della _____, che ha

già sessantacinque anni e presto andrà in _____, mi ha detto che

_____ alcuni dei suoi clienti. Mi piace molto questa professione anche se so

che dovrò lavorare molte ore al giorno.

🔊 **B. Un colloquio di lavoro.** Listen to a part of Luigi Beni's job interview with Mr. Briganti, a senior part-
CD5-17 ner of a law firm in Milan. Based on their conversation, match the two columns to make complete
sentences. The interview will be repeated twice.

1. Luigi si è laureato	**a.** lavorerebbe molte ore al giorno.
2. Cerca un posto di lavoro a Milano perché	**b.** tutti i requisiti per il posto.
3. La sua specializzazione è	**c.** in legge all'Università la Sapienza di Roma.
4. Luigi potrebbe offrire	**d.** la sua fidanzata è medico in un ospedale di Milano.
5. Luigi non ha esperienza ma	**e.** fissare il prossimo appuntamento.
6. L'avvocato Briganti dice che Luigi ha	**f.** il partner dell'avvocato Briganti.
7. Luigi dovrà avere un altro colloquio con	**g.** la sua conoscenza e il suo training universitario.
8. Presto Luigi riceverà una telefonata per	**h.** il diritto familiare.

Paesi e paesaggi

14

Esercizi scritti

Le regioni d'Italia La Campania

Positano, sulla costiera amalfitana

A. Vero o falso? Read the following statements and decide whether they are true (**vero**) or false (**falso**). When false, provide the correct statement.

1. Napoli, il capoluogo, è una città dalla lunga e ricca storia.   vero   falso

2. Ischia e Capri si trovano ai piedi del Vesuvio.   vero   falso

3. Un'inondazione (*flood*) ha distrutto Pompei e Ercolano.   vero   falso

4. La pizza Margherita si chiama così in onore a una regina.   vero   falso

5. La Camorra è un'organizzazione criminale.   vero   falso

6. Il limoncello si beve come aperitivo.   vero   falso

_____

_____

_____

B. Domande. Answer the following questions.

1. In che epoca Napoli era un importante centro culturale?

   _____

2. Che cosa hanno portato alla luce gli scavi di Pompei?

   _____

3. Dove si trova il mosaico di Nettuno e Anfitrite?

   _____

4. Dove si trova il tempio di Cerere Atena?

   _____

5. Come si prepara l'insalata caprese?

   _____

Studio di parole Termini geografici

A. Geografia. Identify the following geographical features. To complete the following activity, look at the two maps of Italy at the beginning of your textbook.

1. La Sicilia e la Sardegna sono due _____.

2. Il Tevere e l'Arno sono due _____.

3. Le Alpi e gli Appennini sono due _____ di _____.

4. Il Tirreno e l'Adriatico sono due _____.

5. Il _____ di Garda e il _____ Maggiore sono

   nell'Italia settentrionale.

6. L'Etna e il Vesuvio sono due _____.

B. Cosa manca (is missing)? Complete the following sentences with the missing words from *Studio di parole.*

1. La notte, nel cielo sereno, si vedono le _____ e la _____.

2. L'Italia _____ con la Francia, la Svizzera, _____ e

   _____.

3. Il mar Mediterraneo _____ la penisola italiana.

4. Il contrario di settentrionale è _____; e il contrario di orientale è

   _____.

5. L'Europa è uno dei sette _____.

6. Per andare dall'Italia all'Austria è necessario _____ le Alpi.

7. Il nostro pianeta è la _____.

8. Il sole sorge *(rises)* all' _____.

Punti grammaticali

14.1 I comparativi

A. Impariamo a fare paragoni. Compare the following people, places, and things, using **tanto… quanto (così… come), più… di,** or **meno… di** with the appropriate form of the adjective in parentheses.

1. Il Monte Bianco (4 810 metri) / Il Monte Rosa (4 634 metri) (alto)

   _____

2. Il fiume Tevere (405 km) / Il fiume Po (652 km) (lungo)

   _____

3. La Sicilia (25 711 km²) / La Sardegna (24 090 km²) (grande)

   _____

4. Roma (2 500 000 abitanti) / Milano (1 250 000 abitanti) (popoloso)

   _____

5. le donne brune / le donne bionde (interessante)

   _____

6. un operaio / un medico (ricco)

   _____

7. i gatti / i cani (fedele [*faithful*])

   _____

B. Avverbi. Restate each sentence, using a comparative and the subject in parentheses, according to the example.

Esempio   Il professore parla rapidamente. (io)
                Il professore parla più rapidamente di me.

1. I nonni camminano lentamente. (i nipoti)

   _____

2. I bambini imparano le lingue facilmente. (gli adulti)

   _____

3. Le indossatrici (*models*) si vestono elegantemente. (le studentesse)

   _____

4. I dirigenti viaggiano spesso. (le segretarie)

   _____

C. Rispondiamo usando i comparativi. Answer each question, according to the example.

    Esempio   È ottimista o pessimista Lei?
            Sono più ottimista che pessimista. Sono più pessimista che ottimista.

1. È realista(a) o idealista? _____

2. È romantico(a) o pratico(a)? _____

3. È ricco(a) di soldi o di sogni *(dreams)*? _____

4. È timido(a) o socievole? _____

14.2 I superlativi

A. Impariamo il superlativo relativo. Answer each question, using the cue and following the example.

    Esempio   È un campanile molto alto? (città)   *È il campanile più alto della città.*

1. È una studentessa intelligente? (classe) _____

2. È un ristorante caro? (città) _____

3. Sono dei bambini buoni? (gruppo) _____

4. È un giorno felice questo? (mia vita) _____

5. È un professore bravo? (università) _____

6. È lungo il fiume Po? (fiumi italiani) _____

B. Impariamo il superlativo assoluto. Complete each sentence, according to the examples.

    Esempi   È una scelta difficile; anzi *(rather)*, _____.
            È una scelta difficile; anzi, **difficilissima.**
            Siamo usciti tardi; anzi, _____.
            Siamo usciti tardi; anzi, **tardissimo.**

1. Marco è un ragazzo simpatico; anzi, _____.

2. La penisola italiana è bella; anzi, _____.

3. I formaggi della Campania sono buoni; anzi, _____.

4. Le zie di Riccardo sono ricche; anzi, _____.

5. La nuova segretaria è una donna giovane; anzi, _____.

6. Queste domande sono semplici; anzi, _____.

7. Lei si è alzata presto; anzi, _____.

8. Vengono a trovarci spesso; anzi, _____.

9. Noi cantiamo male; anzi, _____.

10. La nonna di Laura cucina bene; anzi, _____.

14.3 Comparativi e superlativi irregolari

A. Usiamo gli aggettivi comparativi irregolari. Complete each sentence by using the correct form of **migliore, peggiore, maggiore,** or **minore.**

1. È Natale, ma Dino Ricci è disoccupato; per lui è il _____ periodo dell'anno.

2. Marino ha ventitré anni e Marta ne ha diciotto: Marta è _____ di Marino di cinque anni.

3. Tutti considerano Dante il _____ scrittore italiano.

4. Liliana è una bravissima studentessa che prende sempre i voti _____.

5. Antonio ha tanti problemi, ma questo non è certamente il più grave; è anzi il _____.

6. Sono il più giovane della famiglia; ho tre sorelle _____, tutte sposate.

7. Tutti conoscono la gelateria «Priori»: è la _____ della città.

8. Quali sono i negozi _____ per fare lo shopping?

B. Usiamo gli avverbi comparativi irregolari. Complete each sentence with **meglio, peggio, di più,** or **di meno.**

1. Dopo alcune ore di riposo, dovrei stare _____ e invece sto

   _____ di prima.

2. Il signor Marini vorrebbe lavorare _____, ma non può perché ha tre figli

   all' università.

3. Se studierete _____, sono sicuro che imparerete la grammatica e che il

   prossimo esame andrà _____.

4. Siete d'accordo con il proverbio che dice: «È _____ vivere un giorno da

   leone che cent'anni da pecora *(sheep)*»?

C. Impariamo i superlativi irregolari. Write a response to each statement, using the absolute superlative of the underlined adjective or adverb.

   Esempio   Mi sembra una <u>buona</u> occasione.   *Hai ragione! È un'ottima occasione!*

1. Non vorrei vivere a Venezia: il clima è <u>cattivo</u>.

   _____

2. Devo dire che Marco è veramente un <u>buon</u> cuoco.

   _____

3. Quel ragazzo mostra la più <u>grande</u> indifferenza per tutto.

   _____

4. Abbiamo fatto una bella vacanza con una <u>piccola</u> spesa.

   _____

5. Questi spaghetti sono veramente <u>buoni</u>.

   _____

14.4 Uso dell'articolo determinativo

Osservazioni. Complete each sentence using the definite article (with or without a preposition).

1. La ragazza aveva _____ occhi blu e _____ capelli biondi.

2. _____ bambini non dovrebbero guardare tanto la televisione.

3. Roberto preferisce _____ film d'azione.

4. — Ti piacciono _____ cani?

   — Sì, ma preferisco _____ gatti.

5. — Quand'è il tuo compleanno?

   —È _____ 26 aprile.

6. Elisa è nata _____ 1990.

7. Andremo tutti a Roma _____ quindici di questo mese.

8. _____ primavera è la stagione più bella dell'anno.

9. Madrid è la capitale _____ Spagna.

10. Tim Jones viene _____ Stati Uniti, e precisamente, _____ California.

11. I turisti hanno visitato _____ Toscana e _____ Liguria.

12. _____ Germania è un paese molto industriale.

Come si dice in italiano?

1. *Gino Campana and Gennaro De Filippo are two factory workers at the Fiat plant in Torino.*

2. *Gennaro often talks about his region, Campania, and his city, Napoli, to his friend Gino.*

3. *Napoli is the most beautiful city in the world, with its fantastic gulf and the islands of Capri, Ischia . . .*

4. *Yes, Gennarino, but you must admit (**ammettere**) that Torino is more industrial and richer than Napoli.*

5. *But the climate is not as good as that of Napoli. In winter it is much colder, and in summer it is more humid (**umido**).*

6. *You are right. Life is more pleasant in Napoli than in Torino for very rich people.*

7. *If one wants to earn more money, it is better to live in Torino. There are better jobs and salaries are higher.*

8. *In fact, my younger brother, who is an engineer, has been working only three years and he earns more than I.*

9. *I will work in Torino until (**fino a quando**) it is time to retire, and then I will return to my very beautiful city.*

10. *So, Gennarino, it is true what (**quello che**) they say: **Vedi Napoli, e poi muori.***

Vedute d'Italia Un blog di viaggi

Jim is an American student who is visiting Italy and writing a blog where he shares his experiences. He writes in Italian, as a class assignment. Read today's entry and answer the following questions.

Le colline venete coltivate a vigneti

Il treno sta per lasciare la stazione di Santa Lucia e sono fortunato di aver trovato un posto! Non ho mai visto così tanta gente come quest'anno a Venezia! Fortunatamente le mie vacanze non sono finite. Lascio Venezia, il mare e la laguna e vado verso le montagne, le Dolomiti. Questa mattina mi sono svegliato all'alba e sono uscito per fare una passeggiata lungo i canali. Venezia è proprio la più romantica città d'Italia!

Seduti di fronte a me ci sono due studenti di Innsbruck, che sono venuti a passare le vacanze in Italia. Sono simpaticissimi e parlano inglese benissimo. Peccato che non ci siamo incontrati prima. Sarebbe stato più divertente viaggiare con loro che viaggiare da solo. Ci scambiamo le impressioni sulla nostra esperienza di viaggio, mentre mangiamo degli ottimi panini al prosciutto e dell'uva buonissima.

Il treno ora corre veloce verso nord, attraverso la campagna veneta. Dal finestrino vedo i campi di granoturco (corn), i vigneti, qualche villa antica. Facciamo molte fermate: Treviso, Conegliano, Vittorio Veneto. Qui incominciano le colline e l'aria è già più fresca di quella della pianura.

Altri passeggeri salgono a Ponte delle Alpi e a Longarone: ormai siamo in montagna! Il paesaggio è cambiato così velocemente! Il treno prosegue (moves on) lungo la valle. Dal finestrino si vedono boschi e tipici paesini di montagna.

L'ultima stazione è Calalzo, in provincia di Belluno. I miei nuovi amici ed io ci separiamo, a malincuore: io prendo l'autobus per Cortina d'Ampezzo e loro si fermano qui dove faranno campeggio. Ci scambiamo indirizzi e numeri di cellulare. Resteremo in contatto (in touch) su Facebook e chissà, forse ci incontreremo ancora!

Cortina d'Ampezzo, ai piedi del monte Cristallo

Domande.

1. Da dove parte Jim? Come viaggia? Dove va?

2. Che cosa ha fatto la mattina prima di partire?

3. Chi ha incontrato sul treno? Che cosa sarebbe stato più divertente per Jim?

4. Che cosa mangiano insieme?

5. Quali paesaggi descrive Jim?

6. Qual è l'ultima fermata? Che cosa fanno prima di separarsi?

7. Come resteranno in contatto? Pensi che s'incontreranno ancora?

Esercizi orali

Studio di parole Termini geografici

Una lezione di geografia sull'Italia. You are going to study in Italy during the summer and plan to travel
CD5-18 around the country while you are there. Your Italian teacher is giving you some basic facts about Italy's geography. Listen to the information she provides, which will be repeated twice; then complete the sentences below as appropriate.

1. L'Italia ha _____ regioni.

2. Ci sono _____ grandi isole: _____ e

   _____.

3. La Sicilia è l'isola _____ nel mar Mediterraneo.

4. L'Italia è una _____.

5. L'Italia confina a nord con _____, _____,

   _____ e _____.

6. L'Italia ha più _____ che pianure.

7. Le due catene di montagne sono: _____ e _____.

8. La montagna più alta d'Europa è _____.

9. La pianura più estesa è _____.

10. I due vulcani più famosi sono _____ e _____.

11. Il Vesuvio è famoso per l'eruzione del 79 d.C. che distrusse _____ e

    _____.

12. Il più grande lago d'Europa è _____.

14.1 I comparativi

🔊 **A. Una scelta difficile.** Your friend Tommaso and his wife Giulia want to buy a vacation home and they are
CD5-19 comparing two properties. One is in the mountains and one is on the beach. Listen to their statements,
which are each repeated twice, and complete the following sentences using appropriate comparative forms.

1. La casetta in montagna è _____ tranquilla _____
   un appartamento al mare.

2. Le vacanze al mare sono _____ divertenti e _____
   noiose delle vacanze in montagna.

3. Un appartamento al mare è _____ grande _____
   una casetta in montagna.

4. Il prezzo di questo appartamento è _____ conveniente
   _____ quello di una casa in montagna.

5. Useremmo un appartamento al mare _____ _____
   una casa in montagna.

6. La casa in montagna ha _____ vantaggi _____ un
   appartamento al mare.

🔊 **B. Creiamo nuove frasi comparative.** Listen to the model sentence. Then form a new sentence by substituting
CD5-20 the cues and making all necessary changes. Repeat each response after the speaker.

1. Esempio　　Tu sei più elegante di me. (lui, generoso)
　　　　　　　　　Lui è più generoso di me.

_____

_____

_____

_____

_____

_____

2. Esempio　　Papà ascolta meno pazientemente della mamma. (voi)
　　　　　　　　　Voi ascoltate meno pazientemente della mamma.

_____

_____

_____

_____

_____

_____

_____

🔊 **C. Paragoniamo usando il *che.*** Form a sentence using the cue and following the example. Then repeat the
CD5-21 response after the speaker.

> **Esempio** Firenze, artistica / industriale
> *Firenze è più artistica che industriale.*

1. _____
2. _____
3. _____
4. _____
5. _____
6. _____

14.2 I superlativi

🔊 **A. Quale superlativo?** Listen as the students in an Italian class talk about various geographical curiosities in
CD5-22 Italy. Indicate which **superlativo relativo** is used in each of their statements, which will be repeated twice.

> **Esempio** Your hear: Il fiume Po è il più lungo d'Italia.
> You underline: <u>il più</u> / la più / i più / le più

1. il più / la più / i più / le più   4. il più / la più / i più / le più

2. il più / la più / i più / le più   5. il più / la più / i più / le più

3. il più / la più / i più / le più   6. il più / la più / i più / le più

🔊 **B. L'aggettivo.** Listen to the model sentence. Then form a new sentence using the adjective or noun given,
CD5-23 as indicated in the example. Make all necessary changes. Repeat the response after the speaker.

> **1. Esempio** brava
> *Era la ragazza più brava della classe.*

_____

_____

_____

_____

> **2. Esempio** l'isola / bella
> *L'isola è bellissima.*

_____

_____

_____

_____

C. Formiamo domande con il superlativo relativo. Gina's parents are asking her questions about her girl-friends. Rephrase each question, using the adjective given. Then repeat the response after the speaker.

Esempio   giovane
Chi è la più giovane del gruppo?

1. _____

2. _____

3. _____

4. _____

5. _____

14.3 Comparativi e superlativi irregolari

A. A cena a casa di Ivo. You are visiting your friend Ivo in Naples. As you listen to each of his statements, write down which form of the **comparativo** or **superlativo irregolare** you hear. Each statement will be repeated twice.

Esempio   You hear: *Io sono il maggiore nella mia famiglia, ho un fratello più giovane.*
You write: *il maggiore*

1. _____

2. _____

3. _____

4. _____

5. _____

6. _____

B. Domande sulle cose migliori della città. Imagine that you're new in town and are asking about the best places. Use the cue and follow the example to ask each question. Then repeat the question after the speaker.

Esempio   ristorante
Qual è il migliore ristorante della città?

1. _____

2. _____

3. _____

4. _____

5. _____

◀))) **C. Le mie cose sono peggiori delle tue.** Tiziana is depressed and is developing an inferiority complex,
CD5-27 which becomes evident in her conversation with friends. Use the cues and follow the example to
recreate each of her statements. Then repeat each statement after the speaker.

Esempio macchina
La mia macchina è peggiore della tua.

1. _____

2. _____

3. _____

4. _____

14.4 Uso dell'articolo determinativo

◀))) **A. Formiamo frasi usando gli articoli.** Form a sentence using the cue and following the example. Then re-
CD5-28 peat the response after the speaker.

Esempio (vita / difficile)
La vita è difficile.

1. _____

2. _____

3. _____

4. _____

5. _____

6. _____

◀))) **B. Ancora gli articoli.** Ask your friend about his or her preferences. Start each question with **preferisci**
CD5-29 and complete it by using the cues. Then repeat the response after the speaker.

Esempio (tè / caffè)
Preferisci il tè o il caffè?

1. _____

2. _____

3. _____

4. _____

5. _____

6. _____

🔊 **C. Gli articoli e la geografia.** Pierino is taking a geography test. Use the cue and follow the examples to
CD5-30 recreate each answer. Then repeat the response after the speaker.

Esempio (Francia / Europa occidentale)
La Francia è nell'Europa occidentale.

1. _____

2. _____

3. _____

4. _____

5. _____

6. _____

7. _____

Adesso ascoltiamo!

🔊 **A. Dettato: La Sicilia.** Listen as your friend Federico gives you information about the region where he is
CD5-31 from, **la Sicilia.** You will hear his description the first time at normal speed, a second time more slowly
so that you can supply the appropriate forms of the missing vocabulary, and a third time so that you
can check your work. Feel free to repeat the process several times if necessary.

La Sicilia non è solo l' _____ più grande nel mar Mediterraneo ma è anche la _____

più estesa *(wide)* d'Italia, ed è bagnata *(touched)* da tanti _____: il Tirreno, lo

Ionio e dal Canale di Sicilia.

È anche circondata da molte _____: le Eolie, Ustica, le Egadi,

Marsala, le Pelagie e Pantelleria. La Sicilia è una regione con più _____

che _____ o _____. C'è anche

il _____ Etna che, con i suoi 3263 metri è il più grande

_____ attivo d'Europa. La regione è una delle _____ /

_____ produttrici di vini, olive, arance, cotone, tabacco, cereali e frutta.

La Sicilia è luogo di _____ turismo per le _____

bellezze _____ ed archeologiche come i templi di Agrigento e la

_____ città di Taormina.

🔊 **B. Due città a confronto.** Carlo is from Bologna and his friend Elisabetta is from Florence. Elisabetta has
CD5-32 been studying for an exam, but has digressed to discuss their hometowns. Listen to their conversation, which will be repeated twice, then indicate whether the statements below are true (**V**) or false (**F**). Correct any false statements.

1. _____ V _____ F Firenze e Bologna sono due città molto diverse.

   _____

2. _____ V _____ F Il toscano e il bolognese sono due dialetti molto simili.

   _____

3. _____ V _____ F Ci vogliono cinque ore per arrivare a Bologna da Firenze.

   _____

4. _____ V _____ F Firenze e Bologna sono separate dalle montagne.

   _____

5. _____ V _____ F Firenze è famosa per le industrie.

   _____

6. _____ V _____ F Bologna è famosa per l'università.

   _____

7. _____ V _____ F Il prosciutto è un prodotto tipico di Firenze.

   _____

8. _____ V _____ F Bologna è uno dei centri culturali più importanti d'Italia.

   _____

Gli sport

Esercizi scritti

Le regioni d'Italia La Puglia e la Basilicata

Polignano (Puglia) con le abitazioni a strapiombo *(overhanging)* sul mare Adriatico

A. Vero o falso? Read the following statements and decide whether they are true **(vero)** or false **(falso)**. When false, provide the correct statement.

1. La Puglia è la regione con il più lungo tratto di costa.   vero   falso

2. Potenza è il capoluogo della Puglia.   vero   falso

3. I trulli sono scavati nella roccia.   vero   falso

4. Il Gargano è noto come «lo sperone d'Italia».   vero   falso

5. Castel del Monte è di forma esagonale.   vero   falso

6. In Basilicata ci sono giacimenti di petrolio e metano.   vero   falso

_____

_____

_____

B. Domande. Answer the following questions.

1. Che cosa sono i Sassi di Matera?

   _____

2. Che cosa possiamo vedere ad Alberobello in Puglia?

   _____

3. Dove si trova Lecce? Per che cosa è nota la città?

   _____

4. Che cos'è il Tavoliere delle Puglie?

   _____

5. I taralli si preparano con il burro o l'olio d'oliva? Quando si mangiano?

   _____

Studio di parole Attività sportive

A. Gioco di abbinamento. Match the vocabulary from column A with the correct definitions from column B.

A	B
1. _____ la palestra	**a.** Una persona che fa il tifo per una squadra o un giocatore
2. _____ il tifoso/la tifosa	**b.** Per questo sport ci vogliono sei giocatori, una rete *(net)* e una palla
3. _____ squadra	**c.** L'edificio dove si va per allenarsi
4. _____ partita	**d.** Si prende se si vince
5. _____ l'allenatore/l'allenatrice	**e.** La persona che pratica uno sport
6. _____ la pallavolo	**f.** È uno sport che si pratica in piscina
7. _____ il tennis	**g.** Quando due squadre si incontrano, giocano una…
8. _____ il nuoto	**h.** Per questo sport abbiamo bisogno di una racchetta, una rete e una pallina gialla
9. _____ l'atleta	**i.** La persona che prepara gli atleti
10. _____ il premio	**j.** Quando i giocatori giocano insieme, formano una…

B. Indovinello. Indicate for which sports these things (and one animal) are necessary.

1.

2.

3.

4.

5.

6.

Vocabolario utile:
il canestro (*basket*)
la rete (*goal net*)

1. _____

2. _____

3. _____

4. _____

5. _____

6. _____

Punti grammaticali

15.1 I pronomi relativi

A. Ai giochi olimpici. Some spectators are talking at the Olympics. Link each pair of sentences by using **che.**

Esempio   Quello è l'allenatore. Ha allenato la nazionale di pallacanestro.
          Quello è l'allenatore che ha allenato la nazionale di pallacanestro.

1. Ecco un ciclista italiano. Ha vinto molte gare.

   _____

2. Il nuoto è uno sport. Mi piace molto.

   _____

3. Ha visto la squadra di pallavolo? Giocherà la partita di domani.

   _____

4. Quelle sono tre atlete canadesi. Partecipano ai giochi.

   _____

B. Impariamo ad usare *cui*. Complete each sentence, using **cui** and the appropriate preposition: *di, a*(2X), *in, con, per.*

Esempio   Ecco gli amici _____andiamo a sciare.   *Ecco gli amici **con cui** andiamo a sciare.*

1. Questo è il libro _____ ti parlavo.

2. Sono gli amici _____ abbiamo cenato venerdì sera.

3. Ti dirò le ragioni _____ voglio partire.

4. Ecco la casa _____ abbiamo abitato per dieci anni.

5. Franco è l'amico _____ ho telefonato.

6. Ecco il professore _____ devo parlare.

15.2 I pronomi indefiniti

A. Usiamo *qualcuno che*. Answer each question by using **qualcuno che.**

Esempio   Chi è un atleta?   *È qualcuno che fa dello sport.*

1. Chi è un ciclista?

_____

2. Chi è un tifoso?

_____

3. Chi è un giocatore?

_____

4. Chi è un allenatore?

_____

B. Usiamo *qualcosa*. Answer each question by using **qualcosa** and the adjective in parentheses.

Esempio   Che cosa hai fatto? (bello)   *Ho fatto qualcosa di bello.*

1. Che cosa avete mangiato? (buono)

_____

2. Che cosa hai letto? (interessante)

_____

3. Che cosa ti ha raccontato Mario? (divertente)

_____

4. Che cosa vi hanno regalato i vostri genitori? (speciale)

_____

C. Quale usiamo? Complete each sentence with one of the following words: **quello che, ognuno, tutti, ogni, tutto.**

1. Andate all'università _____ i giorni?

2. _____ volta che il professore mi incontra, mi saluta.

3. Ora so _____ dobbiamo fare!

4. Ieri ho studiato _____ il giorno.

5. _____ ha il diritto di essere felice.

15.3 Espressioni negative

A. Rispondiamo con *niente* e *nessuno*. Answer each question in the negative, using **niente** or **nessuno.**

Esempi   Chi hai visto oggi? *Non ho visto nessuno.*
Cosa hai mangiato? *Non ho mangiato niente.*

1. Chi è venuto con te? _____

2. Cosa hai comprato al negozio d'abbigliamento? _____

3. Con chi avete parlato dopo la lezione? _____

4. Cosa hanno dimenticato Alberto e Francesca? _____

5. Chi hai incontrato al caffè? _____

6. Cosa hai detto al professore? _____

B. Tutto negativo. Make the following statements negative.

Esempio   Mangio sempre qualcosa prima di andare a lezione.
Non mangio mai niente prima di andare a lezione.

1. Ho telefonato a qualcuno. _____

2. Abbiamo incontrato degli amici alla partita. _____

3. Da piccolo Andrea giocava a calcio e anche a pallacanestro. _____

4. Tutti vanno al cinema stasera, anche Francesco. _____

15.4 Il gerundio e la forma progressiva

A. Usiamo *stare* + il gerundio. Write a sentence using *stare* plus the gerund of the verb in parentheses.

Esempio   (mangiare / io) *Sto mangiando.*

1. (studiare / noi) _____

2. (fare una passeggiata / voi) _____

3. (dire la verità / Franco) _____

4. (andare alla stazione / loro) _____

5. (bere un caffè / tu) _____

6. (mettere in ordine la camera / io) _____

B. Cosa stanno facendo? Your friends are very athletic. Describe what each one is doing using the **forma progressiva.**

1.

2.

3.

4.

5.

© Cengage Learning

1. _____

2. _____

3. _____

4. _____

5. _____

C. Al passato. Write sentences using **stare** in the **imperfetto** plus the gerund, according to the example.

Esempio   (mentre noi / camminare, abbiamo visto Diana)
Mentre stavamo camminando, abbiamo visto Diana.

1. (mentre voi / prendere un caffè, è arrivato Paolo)

   _____

2. (quando Alessandro / fare una passeggiata, si è messo a piovere)

   _____

3. (mentre io / ascoltare il telegiornale, Mimmo ha telefonato)

   _____

4. (poiché loro / mangiare, abbiamo aspettato)

   _____

5. (mentre Luciano / correre, è caduto)

   _____

D. Usiamo il gerundio. Replace the subordinate clause with the gerund form of the verb.

    Esempio   Mentre passeggiava, ha incontrato Davide.
                Passeggiando, ha incontrato Davide.

1. Quando sciava, Margherita si è rotta una gamba.

    _____

2. Poiché non trovavamo la strada, ci siamo fermati tre volte.

    _____

3. Poiché avevamo tempo libero, abbiamo visitato un museo.

    _____

4. Poiché avevo fretta, non ho fatto colazione.

    _____

5. Poiché era in ritardo, si è scusato.

    _____

E. Usiamo l'infinito. Replace the underlined words with the corresponding infinitive.

    Esempio   Il riposo è necessario.
                Riposare è necessario.

1. Lo studio è importante. _____

2. Il gioco è divertente. _____

3. Il fumo fa male alla salute. _____

4. Il nuoto sviluppa i muscoli. _____

F. L'infinito o il gerundio? Complete each sentence, choosing between the gerund and the infinitive.

1. *(walking)* _____ per la strada, abbiamo incontrato Marco.

2. *(walking)* _____ fa bene alla salute.

3. *(reading)* _____, io ho imparato molte cose utili.

4. *(reading)* _____ è utile e istruttivo.

5. *(thinking)* _____ a mio padre, ho pensato a molti momenti felici.

6. *(thinking)* _____ nobilita lo spirito.

7. *(running)* _____, sono caduto.

8. *(running)* _____ rinforza i muscoli.

9. *(living)* _____, s'imparano molte cose.

10. *(living)* _____ in questa città è molto costoso.

Come si dice in italiano?

1. *Paul is a student at the University of . . ., which is one of the best universities on the West Coast.*

2. *He is also a football player who plays on* **(in)** *the school team.*

3. *Today he is training at the gym.*

4. *John, the friend with whom he is speaking, is a basketball player.*

5. *Someone said that he is so good that one day he will certainly take part in the Olympic Games.*

6. *Today he needs to talk to Paul because he wants to ask him for yesterday's notes.*

7. *But Paul didn't go to class.*

8. *John, did you do anything interesting yesterday?*

9. *No, I didn't do anything interesting. I ran for five miles* **(miglia)** *with the other players. And you?*

10. *I was supposed to meet my coach and the team at the stadium, but no one was there.*

11. *Will you come tomorrow to see the game?*

12. *I dont know yet what I will do. I hope to be able to come. Anyhow* **(Comunque)***, good luck!*

Vedute d'Italia La Vespa

You are about to read a brief history of the popular Italian motor scooter, the Vespa. The Vespa has became the symbol of an era, and has enjoyed everlasting popularity. When finished, answer the questions on the next page.

La Vespa

La Vespa, nata nel 1946 negli stabilimenti di Enrico Piaggio, era molto di più di uno scooter: era un'idea nuova, un modo di vivere indipendente ed economico.

I primi esemplari uscirono quando l'Italia, devastata dalla guerra, aveva bisogno di ritrovare la voglia di ricominciare, e la Vespa, chiamata così per la sua forma simile al corpo di una vespa *(wasp)*, rappresentava il simbolo di un nuovo inizio: era un po' lenta, ma economica, efficiente e pratica.

Con il funzionamento dei mezzi di trasporto inadeguato, la Vespa era il mezzo ideale: leggera, facilmente manovrabile, poco ingombrante, ideale sia per la città che per le escursioni domenicali.

Verso la fine degli anni cinquanta la Vespa aveva conquistato i mercati europei: Germania, Inghilterra, Francia ed altri per il suo stile semplice ed elegante e la sua praticità.

La Vespa ha cambiato aspetto molte volte, ma ha conservato la sua identità ed il suo modo di essere «contemporanea»; continua ancora oggi a rappresentare per i giovani l'indipendenza, offrendo loro un mezzo di trasporto pratico ed economico. Per gli anziani, la Vespa fa parte dei ricordi della loro gioventù; per i giovani, la Vespa rappresenta la continuazione di una tradizione e di un modo di vivere che li fa sentire indipendenti, proprio come si sentivano i loro nonni.

Domande.

1. Quando è nata la Vespa?

   _____

2. Perché era molto più di uno scooter?

   _____

3. Quando sono usciti i primi esemplari?

   _____

4. Perché si chiama «Vespa»?

   _____

5. Perché era il mezzo di trasporto ideale?

   _____

6. Quali altri mercati ha conquistato?

   _____

7. Che cosa rappresenta per gli anziani?

   _____

8. Che cosa rappresenta per i giovani?

   _____

Esercizi orali

Studio di parole Attività sportive

🔊 **A quale partita preferisci andare?** It's Saturday afternoon and you and a friend have decided to go to a
CD5-33 sporting event. Listen to the listing of weekend events on the university radio station, then complete the
chart below. Some information has already been filled in, as an example. The radio announcements will be
repeated twice. Which game will you decide to watch?

Sport	dove?	quando?
1. *basket*		
2.		*domenica alle 7 di sera*
3.	*stadio Rossaghe di Parma*	

4. A quale evento ti piacerebbe andare? Spiega con una o due frasi perché.

_____

_____

_____

Pronuncia

🔊 **A. I dittonghi.** Diphthongs (**I dittonghi**) occur when two vowels are fused to emit a single sound. A
CD5-34 diphthong is formed when an unstressed **i** or **u** (weak vowels) combines with a strong vowel (**a, e, o**)
or when the two weak vowels combine with each other. Diphthongs correspond to one syllable.
Repeat the examples after the speaker and underline the diphthongs.

1. gli uomini buoni

2. un giorno migliore

3. parliamo insieme

4. una causa giusta

5. il fiume Piave

6. i fiori sono fuori

🔊 **B. I trittonghi.** Triphthongs, although rare, also exist. These are sequences of **three** vowels with a single
CD5-35 sound. Repeat the example after the speaker.
i miei e i tuoi guai

🔊 **C. Combinazioni vocaliche.** Repeat the following words that contain either a sequence of a vowel and a
CD5-36 diphthong or two diphthongs.

1. baia   4. acquaio

2. febbraio   5. ghiaia

3. noioso   6. gioiello

D. Repeat the following sentences and underline the diphthongs. Remember that two strong vowels together do **not** form a diphthong.

1. Il piano di ieri ha funzionato.
2. Giorgio mangia il miele.
3. La moglie di Giovanni ha molti gioielli.
4. Il maestro guida un'Alfa Romeo.
5. Ciao Gianna, hai chiamato Chiara?
6. Il leone e il maiale sono animali.
7. Viaggiamo in Europa.
8. Lei e lui sono in piazza, vicino alla chiesa.
9. Andrea non vuole studiare le lingue straniere.

15.1 I pronomi relativi

A. ***Chi, che* o *cui*?** You have been out of town and your roommate Antonio is updating you about what went on while you were gone. Listen to Antonio's statements, which will each be repeated twice, and indicate which relative pronoun is used.

Esempio You hear: La macchina, che ho comprato ieri, è il nuovo modello della Fiat.
You underline: chi / <u>che</u> / cui

1. chi / che / cui
2. chi / che / cui
3. chi / che / cui
4. chi / che / cui
5. chi / che / cui
6. chi / che / cui

B. **Chi sono?** You traveled on the same train as the soccer team. When your friend meets you at the station, you point out the members of the team. Repeat the response after the speaker.

Esempio Questi sono i giocatori con cui ho viaggiato. (l'allenatore)
Questo è l'allenatore con cui ho viaggiato.

1. _____
2. _____
3. _____
4. _____

15.2 I pronomi indefiniti

◄)) **A.** ***Tutto, tutti, qualcosa* e *qualcuno?*** Your friend Elisabetta is organizing an end-of-semester party at her
CD5-40 house. Listen to her statements, which will each be repeated twice, and indicate if she says **tutto** or **tutti,**
qualcosa or **qualcuno.** Sometimes there may be more than one of these words in a sentence.

Esempio You hear: Mario ha detto che tutti portano qualcuno.
You underline: tutto / <u>tutti</u> / qualcosa / <u>qualcuno</u>

1. tutto / tutti / qualcosa / qualcuno

2. tutto / tutti / qualcosa / qualcuno

3. tutto / tutti / qualcosa / qualcuno

4. tutto / tutti / qualcosa / qualcuno

5. tutto / tutti / qualcosa / qualcuno

6. tutto / tutti / qualcosa / qualcuno

◄)) **B.** **Che cosa fanno queste persone?** Explain what the following people do. Then repeat the response after
CD5-41 the speaker.

Esempio Chi è un venditore? (vende)
È qualcuno che vende.

1. _____

2. _____

3. _____

4. _____

◄)) **C.** **Quante cose da fare!** Listen to the model sentence. Then form a new sentence by substituting the cue.
CD5-42 Repeat the response after the speaker.

Esempio Ho qualcosa da dirti. (chiederti)
Ho qualcosa da chiederti.

1. _____

2. _____

3. _____

4. _____

15.3 Espressioni negative

A. ***Niente* o *nessuno*?** Last night Marco went to Liliana's birthday party. His roommate Alberto did not go because he was ill, and he is asking Marco about the event. As you listen, indicate which word—**niente** or **nessuno**—is used in each exchange, which will be repeated twice.

CD5-43

Esempio You hear: — Hai visto qualcuno che conosco?
— No, non ho visto nessuno che conosci.

You underline: niente / <u>nessuno</u>

1. niente / nessuno
2. niente / nessuno
3. niente / nessuno
4. niente / nessuno
5. niente / nessuno
6. niente / nessuno

B. **Usiamo *nessuno*.** Answer each question in the negative, using **nessuno**. Then repeat the response after the speaker.

CD5-44

Esempio Ha telefonato qualcuno?
Non ha telefonato nessuno.

1. _____
2. _____
3. _____
4. _____
5. _____

C. **Usiamo *niente*.** Lisa wants to know what you did during your vacation, but unfortunately you did nothing. Answer each question in the negative. Then repeat the response after the speaker.

CD5-45

Esempio Hai fatto qualcosa?
Non ho fatto niente.

1. _____
2. _____
3. _____
4. _____

D. **Usiamo *neanche*.** Not many people came to Jim's party because he sent the invitations too late. Tina wants to know who was there. Answer the questions, following the example. Then repeat the response after the speaker.

CD5-46

Esempio È venuto Tommaso?
Non è venuto neanche Tommaso.

1. _____
2. _____
3. _____
4. _____

15.4 Il gerundio e la forma progressiva

🔊 **A. Che cosa stanno facendo i familiari di Anna?** Anna is indicating what everyone in her family is doing
CD5-47 on a Saturday evening. Listen to her statements and write down the verbs in the **presente progressivo**
that you hear. After your list is complete, write beside each verb the corresponding present-tense form.
Each of Anna's statements will be repeated twice.

Esempio   You hear: La nonna sta preparando la torta per domani.
You write: *sta preparando, prepara*

1. _____

2. _____

3. _____

4. _____

5. _____

6. _____

🔊 **B. I consigli del padre.** A father is giving his son some advice. Listen to the model sentence. Then form a
CD5-48 new sentence by substituting the verb given. Repeat the response after the speaker.

Esempio   Sbagliando, s'impara. (studiare)
Studiando, s'impara.

1. _____

2. _____

3. _____

4. _____

5. _____

6. _____

7. _____

🔊 **C. Hai troppo da fare e non puoi uscire.** Paola wants to know if you can go out with her, but you can't
CD5-49 go because you're too busy. Form a sentence using the gerund of the verb given. Then repeat after the
speaker.

Esempio   Sto mangiando. (studiare)
Sto studiando.

1. _____

2. _____

3. _____

4. _____

5. _____

🔊 **D. Usiamo il gerundio.** Restate each sentence, using the gerund and replacing the noun with a pronoun. Then repeat the response after the speaker.

CD5-50

Esempio   Aspettiamo i nostri amici.
           Stiamo aspettandoli.

1. _____

2. _____

3. _____

4. _____

Adesso ascoltiamo!

🔊 **A. Dettato: La famiglia di Elisabetta è molto sportiva.** Listen as Elisabetta describes her family's sports preferences. You will hear her description the first time at normal speed, a second time more slowly so that you can supply the missing words, and a third time so that you can check your work. Feel free to repeat the process several times if necessary.

CD5-51

Mio padre non pratica _____ sport ma ogni domenica guarda

la _____ di _____ alla TV. Alla mia

mamma piace giocare a _____ con le amiche e qualche volta

pratica l'_____ con me nel parco. Mio fratello Paolo è un grande

_____ , gioca a _____ tutti i sabati

e pratica l'_____ due volte alla settimana. Mio fratello

maggiore Lorenzo ama gli _____ pericolosi e preferisce fare l'

_____ in montagna e poi scendere usando una specie di paracadute.

Questo sport è chiamato _____ . La mia sorellina Marta gioca a

_____ il sabato. Io invece, pratico il _____ ,

non è uno _____ tipico per le donne ma è uno sport molto

_____ in Europa.

🔊 **B. Qual è il migliore sport?** Antonio and his friend Marcello are discussing the advantages and disadvan-
CD5-52   tages of soccer, baseball, and basketball. Listen to their conversation, which will be repeated twice; then
          answer the following questions.

1. Qual è lo sport preferito di Antonio?

_____

2. Che cosa è sufficiente avere per giocare a calcio?

_____

3. In quali posti si può giocare a calcio?

_____

4. Che sport preferisce Marcello?

_____

5. Com'è il baseball?

_____

6. Qual è un altro sport molto popolare in Italia?

_____

7. Dove si trovano i campi di basket?

_____

8. Dove si gioca a basket d'inverno?

_____

Il corpo e la salute

Esercizi scritti

Le regioni d'Italia La Calabria

Panorama di Scilla, nota località turistica a nord di Reggio Calabria

A. Vero o falso? Read the following statements and decide whether they are true **(vero)** or false **(falso)**. When false, provide the correct statement.

1. Lo stretto di Messina separa la Calabria dalla Sicilia.   vero   falso

2. L'Aspromonte è un vasto altopiano.   vero   falso

3. La Cattolica di Stilo è una chiesa in stile gotico.   vero   falso

4. Un terremoto ha distrutto Reggio Calabria nel 1908.   vero   falso

5. Tropea è una località balneare sul Mare Ionio.   vero   falso

6. I bronzi di Riace sono due statue greche del V secolo a.C.   vero   falso

_____

_____

_____

B. Domande. Answer the following questions.

1. Che cos'è la Sila?

   _____

2. Per che cosa è nota Tropea?

   _____

3. Dove si può sciare in Calabria?

   _____

4. Quando e dove sono stati ritrovati i bronzi di Riace? Dove sono conservati?

   _____

Studio di parole Il corpo e la salute

A. Le parti del corpo. Complete the following sentences with the appropriate terms relating to parts of the body.

1. _____ servono per vedere.

2. _____ servono per sentire.

3. _____ servono per camminare.

4. _____ servono per masticare.

5. _____ serve per digerire *(to digest)*.

6. _____ serve per parlare.

B. Associazioni. Match the expressions in the two columns.

1. avere la tosse _____   **a.** mantenersi in forma

2. avere mal di stomaco _____   **b.** dimagrire

3. avere una ricetta _____   **c.** prendere un'aspirina

4. mettersi a dieta _____   **d.** andare in farmacia

5. fare esercizio fisico _____   **e.** prendere lo sciroppo

6. guarire _____   **f.** vomitare

7. avere la febbre _____   **g.** sentirsi meglio

C. Problemi di salute. Describe the health problems of the people depicted in the images.

1.

2.

3.

4.

5.

1. _____

2. _____

3. _____

4. _____

5. _____

Punti grammaticali

16.1 Il passato remoto

A. Riconosciamo il passato remoto. Underline the verbs in the **passato remoto**.

In una piccola città di provincia, un contadino festeggiava il suo centesimo compleanno. Un giornalista andò a casa sua per intervistarlo. Voleva conoscere il segreto della sua longevità.

— Qual è il segreto di una lunga vita?— domandò il giornalista al contadino.

Il contadino, che si sentiva importante, pensò un po' e poi rispose:

— È molto semplice: non fumo, vado a letto presto la sera e, soprattutto, non bevo vino. Non ho mai bevuto una goccia *(drop)* di vino in tutta la mia vita: ecco il segreto.

Mentre i due uomini parlavano, si sentì un gran rumore che veniva dalle scale.

— Che cosa succede?— chiese il giornalista.

— Oh, non è niente, —disse il contadino—, è mio padre che ritorna a casa ubriaco *(drunk)* tutte le sere.

B. Cambiamo al passato remoto. Change the verbs in the following paragraph from the **passato prossimo** to the **passato remoto.**

L'anno scorso Bob (ha fatto) _____ un viaggio in Europa perché

voleva visitarla. Quando (è arrivato) _____ in Italia, (ha trovato)

_____ che il Paese era bello e che la gente era cordiale. Così Bob (ha deciso)

_____ di restarci tutta l'estate, perché l'Italia gli piaceva. (Ha affittato)

_____ a Firenze una camera che non gli costava molto.

Un giorno Bob (ha incontrato) _____ un ragazzo che si chiamava

Pietro. Insieme (hanno incominciato) _____ un lungo viaggio

attraverso l'Italia. Una mattina, mentre facevano l'autostop *(were hitchhiking),* (hanno visto)

_____ una bella ragazza bionda. Bob e Pietro (si sono avvicinati)

_____ e (hanno domandato) _____ dove andava.

Lei (ha risposto) _____ che desiderava visitare il paese. Da quel momento i

tre (hanno continuato) _____ il viaggio insieme.

16.2 Plurali irregolari

A. Alcuni plurali irregolari. Complete each sentence by supplying the plural of the words in parentheses. Remember to use the definite article when necessary.

Esempio   (programma) Stasera guardo _____ alla TV.
               Stasera guardo i programmi alla TV.

1. (cuoco) _____ sono occupati in cucina.

2. (poeta) Dante e Petrarca sono due grandi _____.

3. (orecchio) Mi fanno male _____.

4. (programma) I cartoni animati sono _____ per bambini.

5. (arancia) _____ che hai comprato sono buone.

6. (bugia) Quando Pinocchio diceva _____, il suo naso diventava lungo.

7. (farmacia) Oggi _____ sono chiuse.

8. (musicista) Antonio e Carlo sono _____; suonano in un orchestra di musica jazz.

B. Dal singolare al plurale. Make the following sentences plural.

1. Il problema è grave. _____

2. Quel medico è molto simpatico. _____

3. L'albergo di lusso è molto caro. _____

4. È un uomo idealista. _____

C. Dal plurale al singolare. Make the following sentences singular.

1. Che mani sporche! _____

2. I turisti sono stanchi perché oggi hanno visitato due parchi nazionali. _____
_____

3. Mi fanno male le ginocchia. _____

4. I diplomi sono appesi *(are hanging)* sulla parete. _____

16.3 Suffissi con nomi e aggettivi

Descriviamo! Describe each person or thing by adding the appropriate suffix.

Esempio   Che giornata! Piove!
              Che giornataccia!

1. Che ragazzo cattivo! Dice sempre bugie!
_____

2. Che lettera corta! Ci sono solo tre righe!
_____

3. Che ragazzo! È così alto e grosso!
_____

4. Che casa piccola! Però è carina!
_____

5. Che libro pesante! Avrà almeno mille pagine!
_____

6. Che begli occhi! Come sono grandi!
_____

7. Che belle mani! Come sono piccole!
_____

8. Che bravo professore! Quante cose sa!
_____

16.4 Verbi ed espressioni verbali + *infinito*

A. Quale preposizione usiamo? Complete each sentence with the appropriate preposition (**a, di, per**).

1. Anna, ricordati _____ fare la spesa!

2. Siamo andati _____ cenare in una pizzeria.

3. Penso _____ svegliarmi presto per studiare.

4. Ha incominciato _____ piovere, ma Pierino continua _____ giocare in giardino.

5. Ieri ho finito _____ lavorare alle sette di sera.

6. Sta _____ nevicare.

7. Ho dimenticato _____ prendere l'ombrello.

8. John è felice _____ andare _____ studiare in Italia.

9. Studiamo _____ imparare.

10. Ragazzi, aiutatemi _____ pulire la casa!

11. Sperano _____ laurearsi il prossimo giugno.

12. Avremmo bisogno _____ riposarci un po'.

13. Ti prometto _____ farlo domani.

14. Roberta ha imparato _____ cucinare quando era piccola.

15. Erano contenti _____ laurearsi, ma avevano paura _____ non trovare lavoro.

B. Rispondiamo usando la preposizione giusta. Answer each question using a complete sentence.

1. A che ora sei andato(a) a dormire tu ieri sera?

_____

2. Che cosa pensi di fare quest'estate?

_____

3. Quando speri di finire gli studi?

_____

4. Quando hai incominciato a studiare l'italiano?

_____

5. Quanti anni avevi quando hai imparato a nuotare?

_____

6. Che cosa hai bisogno di fare questo weekend?

_____

C. È necessaria una preposizione? Complete each sentence with the correct preposition, if necessary.

1. Ho voglia _____ prendere un caffè.

2. Siamo contenti _____ partire.

3. Incomincio _____ essere stanco(a) _____ studiare.

4. Perché continui _____ farmi le stesse domande?

5. Hanno promesso _____ aiutarti?

6. È difficile _____ studiare e lavorare.

7. Pensi _____ andare al cinema stasera?

8. Puoi fermarti _____ comprare del latte al supermercato?

9. Preferisci _____ uscire o stare a casa il venerdì sera?

10. Spero _____ ricevere un'offerta di lavoro (job offer).

11. Mia madre mi ha insegnato _____ suonare il piano.

12. Mi piacerebbe _____ fare un viaggio in Italia.

Come si dice in italiano? Use the **passato remoto** when translating the verbs that are underlined.

1. *Here is a question that the Shpinx (**la Sfinge**) underlined{asked} a great hero (**eroe, [m.]**): "Which is the animal who in the morning walks on four legs, at noon on two, and in the evening on three?" The hero underlined{knew how} to answer. Do you?*

2. *One day an old peasant underlined{told} the doctor who had treated him for a serious earache, "I feel completely cured (**guarito**). How much do I owe you?" The doctor underlined{answered}, "One hundred euro." The old man underlined{put} (his) hand close to (**vicino a**) (his) ear and underlined{asked}, "What did you say? Two hundred euro?" The doctor underlined{shouted} (**gridare**): "No, three hundred euro!"*

Vedute d'Italia I gesti *(Gestures)* degli Italiani

Italians are known to communicate using a variety of gestures. The chart below shows some of the most common hand gestures. Read the introduction and look at the chart before doing the exercise.

I gesti fanno parte del linguaggio non verbale e servono per comunicare pensieri ed emozioni in modo più immediato e enfatico. Si sente spesso dire che gli Italiani «parlano con le mani» perché amano esprimersi con i gesti. Come nel caso dei dialetti, molti gesti hanno delle variazioni e delle sfumature *(nuances)* regionali.

Nelle foto che seguono si descrivono alcuni gesti comuni in Italia.

a. Ho fame!
Si batte *(hit)* più volte la mano aperta con le dita unite e distese *(straight)* contro il fianco *(side)*.

b. Non me ne importa niente! (*I do not care!*)
Si tocca il mento *(chin)* con il dorso *(back)* della mano che poi si sposta in avanti *(move forward)*.

c. Che furbo! *(clever/crafty)*
Si appoggia il dito indice sotto l'occhio e si tira la palpebra leggermente verso il basso. *(lightly pull down the eyelid)*.

d. Che rabbia!
Si morde *(bite)* la nocca *(knuckle)* di un dito, di solito l'indice.

e. Che matto! *(crazy)*
Si batte ritmicamente il dito indice contro la tempia *(temple)*.

f. Quanta gente!
Si toccano ritmicamente i pollici *(thumbs)* con le dita di entrambe *(both)* le mani.

g. Così così...
Con il braccio piegato *(bent)*, si muove la mano aperta con le dita unite e distese.

h. Cosa vuoi?
Si muove ritmicamente la mano chiusa con le dita che si toccano, all'altezza del petto *(chest)*.

Courtesy of the authors

Un gesto per ogni situazione. What gestures will Giovanna use? Match each situation with one of the gestures described in the chart above.

> **Esempio**   L'esame di chimica non è andato molto bene.   *g. così così...*

1. Giovanna si è arrabbiata con un amico. _____

2. Un amico la interrompe e le dà fastidio *(bothers him)*. _____

3. C'è molta gente in centro. _____

4. Giovanna ha voglia di mangiare. _____

5. A Giovanna non interessa quello che fa il suo ex ragazzo. _____

6. Un amico di Giovanna fa sempre cose folli (crazy). _____

7. Un amico di Giovanna convince tutti gli amici a prestargli dei soldi. _____

Esercizi orali

Studio di parole Il corpo e la salute

Come ti senti oggi? Carlo has had severe problems with his health and many mishaps. Listen to each of his statements and write down the symptom(s) he mentions. Then from among the choices provided, suggest, using the informal imperative, what he needs to do to get better.

stare a riposo	**andare dal dentista**	**mettersi a dieta**
andare dal chiropratico	**prendere delle aspirine**	**andare dall'ortopedico**

Esempio   You hear: Mi sono rotto un braccio e non posso scrivere.
                    Your suggestion: *Va' dall'ortopedico.*

1. _____

2. _____

3. _____

4. _____

5. _____

6. _____

16.1 Il passato remoto

A. Usiamo il passato remoto. Listen to the model sentence. Then form a new sentence by substituting the subject given and making all necessary changes. Repeat the response after the speaker.

1. Esempio   Io non parlai con nessuno. (lui)
                   Lui non parlò con nessuno.

_____

_____

_____

_____

_____

2. Esempio   Io partii a mezzanotte. (Marco)
Marco partì a mezzanotte.

_____

_____

_____

_____

_____

CD6-4

B. La storia di Pallino. Listen as Paolo's grandmother reads him a bedtime story about his favorite character, *Pallino*. Make a list of all the verbs in the **passato remoto** that you hear; some sentences include more than one verb. After you have made your list, write out the infinitive form of each verb as well as the corresponding form of the **passato prossimo** tense. The story will be repeated twice. There are eight verbs conjugated in the **passato remoto;** one is given as an example.

Esempio   You hear: decise
You write: *decise, decidere, ha deciso*

1. _____

2. _____

3. _____

4. _____

5. _____

6. _____

7. _____

16.2 Plurali irregolari

CD6-5

A. Formiamo il plurale. Give the plural of each phrase. Then repeat after the speaker.

Esempio   il programma televisivo
i programmi televisivi

1. _____

2. _____

3. _____

4. _____

5. _____

6. _____

B. Formiamo il singolare. Give the singular of each phrase. Then repeat after the speaker.

Esempio   i bravi dentisti
            il bravo dentista

1. _____

2. _____

3. _____

4. _____

5. _____

6. _____

16.3 Suffissi con nomi e aggettivi

A. Le opinioni degli studenti. Listen as Filippo and Valentina talk about their friends and life in general. For each of their statements, which will be repeated twice, indicate which noun or adjective with a suffix they use.

Esempio   You hear: La professoressa d'italiano ha comprato una bella villetta in montagna.
            You write: *villetta*

1. _____

2. _____

3. _____

4. _____

5. _____

6. _____

B. Impariamo i suffissi. Form a new phrase by using the same noun with the appropriate suffix. Then repeat the phrase after the speaker.

Esempio   una piccola parola
            una parolina

1. _____

2. _____

3. _____

4. _____

5. _____

6. _____

7. _____

8. _____

16.4 Verbi ed espressioni verbali + *infinito*

CD6-9

A. Cambiamo il verbo. Listen to the model sentence. Then form a new sentence, using the correct form of the verb provided. Repeat each response after the speaker.

Esempio   Luisa sa vestirsi elegantemente. (deve)
Luisa deve vestirsi elegantemente.

1. _____
2. _____
3. _____
4. _____
5. _____

CD6-10

B. Cambiamo ancora il verbo. Listen to the model sentence. Then form a new sentence, using the correct form of the verb provided. Repeat each response after the speaker.

Esempio   Incomincio a studiare oggi pomeriggio. (spero)
Spero di studiare oggi pomeriggio.

1. _____
2. _____
3. _____
4. _____
5. _____
6. _____

Adesso ascoltiamo!

CD6-11

A. Dettato: La Bianchina. Listen to the witty tale of **La Bianchina**. You will hear the story the first time at normal speed, a second time more slowly so that you can supply the missing words, and a third time so that you can check your work. Feel free to repeat the process several times if necessary.

Un contadino aveva una mucca (*cow*) che _____ Bianchina, perché

era completamente bianca. Tra tutte le sue _____ era quella che

_____ più latte. Un giorno _____ gli rubò (*stole*)

la Bianchina. Il contadino _____ di tutto per trovare il ladro (*the thief*),

ma non _____ successo. Così _____ da Don

Luigi, il parroco del villaggio (*parish priest*), e gli _____ il fatto. Don Luigi

_____ molto astuto.

«Non preoccuparti», gli _____, «domenica, a messa (*Mass*),

_____ chi ha rubato la Bianchina». Domenica, durante la messa,

Don Luigi _____ sul pulpito, _____

i fedeli (congregation) e _____: «Sedetevi!» Quando tutti

_____ seduti, Don Luigi _____: «Sedetevi!». I

fedeli _____ meravigliati. Dopo alcuni secondi di silenzio, Don Luigi, per la

terza volta, _____: «Ho detto, sedetevi!»

«Ma, padre» qualcuno _____, «siamo già tutti seduti!»

«No», _____ Don Luigi, «quello che ha rubato la Bianchina non è seduto»

«Sì, padre», una voce _____ dal fondo chiesa, «sono seduto anch'io!»

B. Un incidente di sci. Silvia had a skiing accident and broke her leg. Her friend Laura went to visit her and brought her flowers and candies. Listen to their conversation, which will be repeated twice; then indicate whether the statements below are true (**V**) or false (**F**). Correct any false statements.

CD6-12

1. _____ V _____ F Silvia aspettava la visita di Laura.

_____

2. _____ V _____ F Laura domanda com'è successo l'incidente.

_____

3. _____ V _____ F Silvia spiega che lei e un altro sciatore si sono scontrati (run into each other).

_____

4. _____ V _____ F Per evitare l'altro sciatore Silvia ha virato a sinistra.

_____

5. _____ V _____ F Silvia è finita contro una macchina ferma.

_____

6. _____ V _____ F Silvia si è rotta un braccio.

_____

7. _____ V _____ F Laura dice che è stata fortunata perché poteva rompersi la testa.

_____

8. _____ V _____ F Silvia deve stare a casa e si annoia.

_____

9. _____ V _____ F Laura promette di tenerla al corrente di quello che fanno all'università.

_____

10. _____ V _____ F Laura le ha portato una torta di fragole.

_____

L' ecologia

17

Esercizi scritti

Le regioni d'Italia La Sicilia

Agrigento: Il tempio della Concordia

A. Vero o falso? Read the following statements and decide whether they are true **(vero)** or false **(falso)**. When false, provide the correct statement.

1. Molti popoli hanno regnato in Sicilia.   vero   falso

2. La Sicilia è considerata un museo archeologico.   vero   falso

3. Il capoluogo della regione è Agrigento.   vero   falso

4. Le isole Eolie sono un arcipelago di origine vulcanica.   vero   falso

5. Stromboli è l'isola dove approdano *(land)* molti immigranti
   che arrivano dall'Africa del nord.   vero   falso

6. I cannoli sono della frutta che si coltiva in Sicilia.   vero   falso

＿＿＿＿＿＿＿＿＿＿＿＿＿＿＿＿＿＿＿＿＿＿＿＿＿＿＿＿＿＿＿＿＿＿＿＿＿＿＿

＿＿＿＿＿＿＿＿＿＿＿＿＿＿＿＿＿＿＿＿＿＿＿＿＿＿＿＿＿＿＿＿＿＿＿＿＿＿＿

＿＿＿＿＿＿＿＿＿＿＿＿＿＿＿＿＿＿＿＿＿＿＿＿＿＿＿＿＿＿＿＿＿＿＿＿＿＿＿

B. Domande. Answer the following questions.

1. Che cos'è Cosa Nostra?

   _____

2. Che cosa sono i pupi? Che storie rappresentano?

   _____

3. Perché molti turisti visitano le isole Eolie?

   _____

4. Com'era Palermo in epoca normanna?

   _____

5. Per che cosa sono note Agrigento e Siracusa?

   _____

6. Che tipi di frutta si coltivano in Sicilia?

   _____

Esercizi scritti

Studio di parole L'ecologia—la macchina

A. Che sfortuna! Read what happened to Marco. Then fill in the missing words from the list.

a terra	distributore di benzina	macchina	multa
ha parcheggiato	passaggio	patente	pieno

Marco ha preso la _____ e guida la _____ da un mese. Ieri aveva fretta e _____ dove c'era il divieto di parcheggio. Quando è ritornato, ha avuto due brutte sorprese: ha trovato una _____ sul parabrezza (*windshield*) e ha visto che aveva anche una gomma _____. Ha telefonato al suo amico Gianni e gli ha chiesto di dargli un _____. Lungo la strada si sono fermati al _____ per fare il _____.

B. Le parole incrociate. Complete the crossword puzzle with the cues given.

Orizzontali

2. Sono cose che non servono più e si buttano via *(throw away)*.

3. Le persone che vanno a piedi.

6. Si deve fare quando si guida e piove molto o c'è nebbia.

9. Una macchina ne ha quattro, ma una moto ne ha solo due.

10. Si apre per guardare il motore.

11. È una persona che vuole proteggere la natura.

Verticali

1. Nelle città italiane è di 50 chilometri orari *(Km/h)*: il _____di velocità.

3. Le bottiglie e i bicchieri di _____ non si rompono quando cadono.

4. Quello dell'aria può causare malattie respiratorie.

5. È la parte della macchina dove si mettono le valigie.

7. È lo studio dell'ambiente.

8. È un contenitore metallico. Si usa spesso per le bibite.

Punti grammaticali

17.1 Il congiuntivo presente

A. Impariamo il congiuntivo. Complete the sentences with the correct form of the present subjunctive of the verbs below.

andare	dire	essere	fare	parlare
potere	partire	pulire	scrivere	venire

1. La mamma desidera che io _____ una lettera ai nonni.

2. Spero che tu _____ trovare lavoro dopo la laurea.

3. Vogliamo che i nostri compagni di casa _____ il bagno e la cucina regolarmente.

4. Il professore vuole che voi _____ italiano a lezione.

5. Siamo contenti che tu _____ in Italia l'anno prossimo.

6. Mio padre preferisce che io gli _____ sempre la verità.

7. Mi dispiace che i miei amici non _____ alla festa di stasera.

8. Vuoi che io _____ la spesa?

9. Credo che l'aereo _____ alle otto di mattina.

10. Pensi che Antonio _____ contento del voto che ha preso?

B. Il congiuntivo è necessario. Respond to each statement, using the cue in parentheses and following the example.

Esempio Voglio fare il medico. (necessario / prendere una laurea in medicina)
È necessario che tu prenda una laurea in medicina.

1. Mio cugino vuole essere indipendente. (importante / lavorare)

   _____

2. Voglio incominciare a lavorare. (necessario / finire gli studi)

   _____

3. Voi volete dimagrire. (indispensabile / mangiare di meno)

   _____

4. Mio fratello vuole prendere la patente. (importante / prendere lezioni di guida)

   _____

5. Antonella vuole festeggiare la sua laurea. (ora / divertirsi)

   _____

6. Gli studenti vogliono imparare. (meglio / studiare)

   _____

7. Noi abbiamo un problema legale. (bene / telefonare all'avvocato)

   _____

C. Esprimiamo opinioni. Respond to each statement, using **Sono contento(a) che...** or **Mi dispiace che...**

    Esempio   Domani vengono i nostri parenti.

                Sono contento(a) che domani vengano i nostri parenti.

1. La disoccupazione è alta.

    _____

2. C'è molto traffico in centro.

    _____

3. L'America vuole aiutare i paesi poveri.

    _____

4. I miei genitori vanno in vacanza.

    _____

5. Antonio ha molti amici.

    _____

6. Tu stai sempre a casa solo.

    _____

7. I miei amici riciclano sempre.

    _____

8. La benzina costa sempre di più.

    _____

17.2 Congiunzioni + congiuntivo

A. Impariamo le congiunzioni con il congiuntivo. Rewrite each sentence, using the cue in parentheses and **purché** + the subjunctive, as in the example.

    Esempio   Ti presterò il libro. (restituirmelo subito)

                Ti presterò il libro purché tu me lo restituisca subito.

1. Ti aspetterò. (arrivare in orario)

    _____

2. Andrò all'opera. (il biglietto, non costare troppo)

    _____

3. Andrò alla conferenza sull'ecologia. (tu, venire con me)

    _____

4. Parcheggerò vicino a casa tua. (trovare un posto)

    _____

5. Troverai un buon lavoro (finire l'università)

    _____

B. Usiamo *perché (affinché)*. Mirella is a very generous person. State to whom and why, she is lending her things, using **perché** or **affinché** + the subjunctive, as in the example.

Esempio   (macchina / migliore amica / andare alla spiaggia)
Presta la macchina alla sua migliore amica perché (affinché) vada alla spiaggia.

1. (soldi / fratello / comprarsi una Mini Cooper)

_____

2. (appunti / compagna / potere studiare)

_____

3. (aspirapolvere / amica / pulire la stanza)

_____

4. (telefonino / a Stefano / fare una telefonata importante)

_____

C. Impariamo ad usare altre congiunzioni. Rewrite each sentence, using **benché, sebbene,** or **per quanto** + the subjunctive, as in the example.

Esempio   È anziano, ma nuota ogni giorno.
Benché sia anziano, nuota ogni giorno.

1. Litigano spesso, ma si vogliono bene. _____

2. Non ha molti soldi, va sempre a fare lo shopping. _____

3. È un ambientalista, non ricicla sempre. _____

4. È già tardi, ma volete uscire. _____

D. Usiamo *prima di/prima che*. Before leaving on vacation, Gianna gives instructions to Laura, who will be taking care of her house and her pets. Write here instructions using either **prima di** or **prima che** according to the context.

Esempi   (venire a prendere le chiavi / io partire)
Vieni a prendere le chiavi prima che io parta.

(chiudere la porta a chiave / uscire)
Chiudi la porta a chiave prima di uscire.

1. (dare da mangiare al gatto / andare a lezione)

_____

2. (innaffiare le piante [*water the plants*] / io ritornare)

_____

3. (portare il cane a fare una passeggiata / andare a letto)

_____

4. (mettere il gatto dentro / venire buio [*dark*])

_____

17.3 Il congiuntivo passato

A. Ho paura che… Claudio went skiing for the day, but it's midnight and he still hasn't returned. Describe his mother's fears of what may have happened, starting each sentence with **Ho paura che** and changing the verb to the present perfect subjunctive.

Esempio   Forse ha avuto un incidente.   *Ho paura che abbia avuto un incidente.*

1. Forse ha avuto dei problemi con la macchina. _____

2. Forse hanno bloccato la strada per la neve. _____

3. Forse è caduto dagli sci. _____

4. Forse si è rotto una gamba. _____

5. Forse è finito all'ospedale. _____

B. Impariamo il congiuntivo passato. React to each statement, completing your sentence as in the example.

Esempio   La conferenza sull'ecologia è stata un successo.
             Sì, credo che la conferenza sull'ecologia *sia stata un successo.*

1. I miei genitori hanno deciso di fare un viaggio in Africa.

   Sono contento(a) che _____.

2. Molta gente ha incominciato a riciclare.

   Sì, credo che _____.

3. Tutti i giovani hanno capito che l'inquinamento è un problema serio.

   Dubito che _____.

4. Riccardo ha abbandonato gli studi.

   Mi dispiace che _____.

5. L'effetto serra è aumentato.

   Sì, ho paura che _____.

C. Può darsi che… *(Maybe…)* You're trying to find an explanation for the following situations. Start each statement with **Può darsi che** and complete with the present perfect subjunctive of the verb in parentheses.

Esempio   Il professore è arrivato in ritardo. (alzarsi tardi oggi)
             Può darsi che si sia alzato tardi oggi.

1. Pietro non ha risposto al telefono. (uscire)

   _____

2. Alcuni studenti hanno l'aria stanca. (non dormire la notte scorsa)

   _____

4. Mi fa male lo stomaco. (tu, mangiare troppo)

   _____

5. L'avvocato non ha risposto alla mia telefonata. (non ricevere il messaggio)

   _____

Come si dice in italiano?

1. *Jimmy and his girlfriend Lindsay arrived yesterday in Rome and rented a car. Today they are driving in the city.*

2. *Lindsay is complaining about* (**lamentarsi di**) *the air pollution. She is also afraid Jimmy may have problems with the traffic, although he is a good driver.*

3. *"Lindsay, if you must complain so much* (**così tanto**), *next time I prefer that you take the bus or that you go on foot."*

4. *Unfortunately, Lindsay was right: at a traffic light* (**semaforo**) *they had an accident. Jimmy broke (his) leg.*

5. *They are now at the emergency room* (**Pronto Soccorso**), *where the doctor put a cast on* (**ha ingessato**) *Jimmy's leg.*

6. *"Jimmy," said the doctor, "I think you need a medication for the pain. I believe my nurse has already prepared it for you."*

Vedute d'Italia Il progetto MOSE per salvare Venezia

You will read a short passage describing how the wonderful city of Venice, built on marshlands, is slowly sinking. MOSE is a sophisticated and controversial technology being used to rescue Venice. When finished, answer the questions on the next page.

Venezia, stupenda città sorta sulla laguna, ha resistito per secoli agli assalti del mare, ma da tempo la città corre il pericolo di affondare *(to sink)*. Le cause principali sono il rialzo *(raising)* del livello del mare dovuto *(due)* al riscaldamento globale e gli allagamenti *(floodings)* che avvengono periodicamente in primavera e in inverno. Con l'alta marea *(high tide)* e con i forti venti, l'acqua straripa *(overflows)* e allaga la città. Delle passerelle *(walkboards)* di legno sono messe nelle aree di maggior traffico pedonale affinchè la gente possa camminare.

Anche le vibrazioni dei motori delle barche e l'inquinamento causato dalle industrie di Porto Marghera contribuiscono alla lenta erosione delle fondamenta *(foundations)* degli edifici veneziani.

Salvare Venezia è un obiettivo importante, per il mondo intero. Tra i molti progetti presentati alle autorità, uno è stato approvato: il progetto MOSE (MOdulo Sperimentale Elettromeccanico). Consiste in alcuni contenitori metallici pieni di *(full of)* acqua, sistemati sul fondo *(bottom)* del mare in punti strategici. Quando l'alta marea raggiunge *(reaches)* un livello troppo elevato, l'acqua viene tolta *(is taken out)* dai contenitori con un sistema di pompe; i contenitori si sollevano *(rise)* e funzionano come delle porte, o barriere, che separano la laguna dal mare, bloccando l'accesso dell'acqua nella laguna.

Benché sia ancora in una fase sperimentale, il MOSE sembra avere dato risultati positivi. Il costo del progetto è però esorbitante e non è esente da critiche: gli ambientalisti, per esempio, si preoccupano dell'impatto sull'ecosistema marino.

Domande

1. Che pericolo corre Venezia?

2. Che cosa ha causato il rialzo del livello del mare?

3. In quali stagioni sono frequenti gli allagamenti?

4. A che cosa servono le passerelle?

5. Che altri fattori contribuiscono alla lenta erosione delle fondamenta degli edifici veneziani?

6. Secondo te, perché è importante salvare Venezia?

7. Come funziona il progetto MOSE?

8. Perché è stato criticato?

Esercizi orali

Studio di parole L'ecologia—la macchina

🔊 **Una conferenza sull'ecologia.** You are at a conference on ecology and are taking down notes of the
CD6-13 speaker's main points. Listen to the information provided, which will be repeated twice; then complete
the sentences below as appropriate.

1. È importante ridurre l'_____.

2. È necessario _____ l'aria che respiriamo.

3. Il _____ del clima produrrà _____
   devastanti.

4. Lo strato dell'_____ protegge l'_____ dai
   raggi ultravioletti.

5. L'anidride carbonica è la _____ _____
   dell'effetto serra.

6. L'effetto serra _____ la terra.

7. Dobbiamo _____ l'emissione dell'anidride
   _____.

8. Molte città hanno preso dei _____ per ridurre lo
   _____.

9. Deve essere _____ l'uso della _____ verde.

10. Il _____ è essenziale per proteggere l'_____.

17.1 Il congiuntivo presente

A. I consigli del medico. Listen to the advice given by Doctor Lunardi to various patients and indicate
which form of the subjunctive is used in each case. Each of his statements will be repeated twice.

CD6-14

Esempio   You hear: È probabile che Lei abbia un raffreddore.
You underline: abbiamo / <u>abbia</u> / abbiate / abbiano / ha / hai

1. abbiamo / abbia / abbiate / abbiano / ha / hai

2. fa / facciate / faccia / facciamo / fai / facciano

3. mangia / mangi / mangiamo / mangiate / mangino / mangiano

4. prenda / prendi / prendiamo / prendete / prendiate / prendano

5. dormo / dormi / dorma / dormiate / dormite / dormano

6. segui / seguiamo / seguiate / seguite / segua / seguano

B. Cambiamo il soggetto. Listen to the model sentence. Then form a new sentence by substituting the
noun or pronoun given. Repeat the response after the speaker.

CD6-15

Esempio   Voglio che tu parta. (lei)
Voglio che lei parta.

_____

_____

_____

_____

_____

C. Le opinioni degli studenti. Listen as Gino and Maria voice opinions about their university. Indicate in each
instance which form of the irregular subjunctive they are using. Their statements will be repeated twice.

CD6-16

Esempio   You hear: Credo che gli studenti devano studiare di più.
You underline: vadano / bevano / facciano / diano / <u>devano</u> / diano

1. vadano / diano / dicano / sappiano / devano

2. abbiano / facciano / siano / stiano / diano / sappiano

3. possano / sappiano / escano / siano / facciano / vogliano

4. possiate / veniate / siate / andiate / abbiate / usciate

5. possa / vada / faccia / sia / abbia / sappia

6. vada / venga / voglia / abbia / sia / possa

◀)) **D. Impariamo le forme irregolari.** Listen to the model sentence. Then form a new sentence by substituting
CD6-17 the noun or pronoun given. Repeat the response after the speaker.

Esempio   È meglio che voi sappiate la verità. (io)
             È meglio che io sappia la verità.

1. _____

2. _____

3. _____

4. _____

5. _____

◀)) **E. Mi dispiace che…** Express your regret that the following people cannot come to your party. Follow the
CD6-18 example. Then repeat the response after the speaker.

Esempio   Mi dispiace che tu non possa venire. (Anna)
             Mi dispiace che Anna non possa venire.

1. _____

2. _____

3. _____

4. _____

17.2 Congiunzioni + congiuntivo

◀)) **A. Una discussione tra Marco e Anna.** Listen as Marco answers Anna's questions about his leisure-time
CD6-19 activities and tastes. Indicate which conjunction he uses in each of his answers. Each question and answer will be repeated twice.

Esempio   You hear: — Vieni al concerto di Verdi?
                        — Sì, purché non costi troppo!
             You underline: sebbene / a meno che / <u>purché</u> / benché / prima che

1. sebbene / a meno che / purché / benché / prima che

2. sebbene / a meno che / purché / benché / prima che

3. sebbene / a meno che / purché / benché / prima che

4. sebbene / a meno che / purché / benché / prima che

5. sebbene / a meno che / purché / benché / prima che

6. sebbene / a meno che / purché / benché / prima che

B. Ripetiamo l'uso delle congiunzioni *purché* e *benché*. Listen to the model sentence. Then form a new sentence by substituting the noun or pronoun given and making all necessary changes. Repeat the response after the speaker.

CD6-20

Esempio   Noi verremo stasera purché siamo liberi. (tu)   *Tu verrai stasera purché sia libero.*

1. _____

2. _____

3. _____

4. _____

C. Uniamo due frasi usando le congiunzioni ed il congiuntivo. Combine each pair of sentences into a single statement, using the cue and the appropriate form of the subjunctive. Then repeat the response after the speaker.

CD6-21

Esempio   Dobbiamo uscire. Piove. (prima che)   *Dobbiamo uscire prima che piova.*

1. _____

2. _____

3. _____

4. _____

17.3 Il congiuntivo passato

A. Che cosa hanno fatto gli studenti lo scorso weekend? Listen as Gino and Maria talk about what other students might have done last weekend. Then complete each of the sentences with the correct name of the student mentioned. One name has already been filled in for you. The dialogue will be repeated twice.

CD6-22

1. Pensano che _____ siano andati in palestra.

2. Pensano che _____*Mario*_____ sia andato al cinema con la sua ragazza.

3. Pensano che _____ abbia dormito tutto il weekend.

4. Pensano che _____ abbia cominciato una dieta.

5. Pensano che _____ abbia avuto un weekend rilassante.

6. Pensano che _____ abbia finito tutti i compiti.

B. Pratichiamo il congiuntivo passato. Listen to the model sentence. Then form a new sentence by substituting the noun or pronoun given and making all necessary changes. Repeat the response after the speaker.

CD6-23

1. Esempio   Mia madre spera che tu non abbia visto quel film. (noi)
                 Mia madre spera che noi non abbiamo visto quel film.

_____

_____

_____

_____

2. Esempio Mimmo non crede che Lucia sia uscita. (io)
Mimmo non crede che io sia uscito.

_____

_____

_____

_____

C. Spera che... Pietro's boss hopes he has completed several chores before he comes back in the afternoon. Change each sentence to express his hopes. Then repeat the response after the speaker.

Esempio Non ha messo in ordine l'ufficio.
Spera che abbia messo in ordine l'ufficio.

1. _____

2. _____

3. _____

4. _____

5. _____

Adesso ascoltiamo!

A. Dettato: Le opinioni della mamma. Listen as Marco's mother gives him some wide-ranging advice. Her suggestions will be read the first time at normal speed, a second time more slowly so that you can supply the missing verbs in the subjunctive, and a third time so that you can check your work. Feel free to repeat the process several times if necessary.

Caro Marco, è importante che tu _____ in palestra tutti i giorni. Penso che tu

_____ dormire almeno otto ore ogni notte. Voglio che tu _____

in qualche buon ristorante italiano. Penso che tu _____ bisogno di mangiare bene.

Sono contenta che tu _____ ad andare in palestra, credo che l'esercizio fisico ti

_____ bene.

Credo che tu _____ concentrarti negli studi. È necessario che tu

_____ sempre le lezioni e che tu _____ tutti i compiti. È necessario che tu _____ dei buoni voti. Penso che così tu troverai un lavoro migliore nel futuro.

Credo che durante le vacanze tu _____ dedicarti al volontariato e promuovere

il riciclaggio al campo universitario tra gli studenti. Tuo padre ed io abbiamo fiducia che tu

_____ le giuste decisioni e che tu _____ laurearti presto.

B. Due amici ambientalisti. Listen as Filippo and Marcello discuss their opinions about saving the environment and maintaining a healthy lifestyle. Then complete the following statements by circling the correct option. The conversation will be repeated twice.

1. Marcello ha letto un articolo che dice che…

    a. gli studenti non studiano.

    b. i professori mangiano male.

    c. gli studenti non vanno in palestra.

2. Marcello ha letto un secondo articolo che dice che…

    a. le tasse universitarie aumentano.

    b. l'inquinamento è aumentato.

    c. l'aria è più pulita.

3. Marcello pensa che sia necessario…

    a. mangiare cibo organico.

    b. studiare di più.

    c. fare il riciclaggio della carta.

4. Filippo pensa che sia necessario che…

    a. i professori usino la bicicletta.

    b. gli studenti vadano in palestra.

    c. si fumi di meno.

5. Filippo pensa anche che…

    a. il direttore della palestra deva dare degli sconti.

    b. il preside deva abbassare le tasse.

    c. l'umanità deva usare di meno le macchine.

6. Marcello desidera che…

    a. ci siano meno compiti.

    b. i ristoranti servano cibi organici.

    c. ci siano meno piatti vegetariani.

7. Marcello e Filippo decidono di…

    a. andare dal preside.

    b. parlare con i professori.

    c. scrivere un articolo.

Arte e teatro

18

Esercizi scritti

Le regioni d'Italia La Sardegna

Una spiaggia della Costa Smeralda

A. Vero o falso? Read the following statements and decide whether they are true **(vero)** or false **(falso)**. When false, provide the correct statement.

1. La Sardegna è la più grande isola del Mediterraneo.   vero   falso

2. La Sardegna è ricca di giacimenti di petrolio *(oil fields)*.   vero   falso

3. Il capoluogo della regione è Cagliari.   vero   falso

4. La Sardegna fu sotto il dominio spagnolo.   vero   falso

5. La Sardegna è una regione molto industriale.   vero   falso

6. La Sardegna è una popolare meta turistica.   vero   falso

_____

_____

_____

B. Domande. Answer the following questions.

1. Che cos'è il Gennargentu?

_____

2. Che cosa sono i nuraghi? Quanti ce ne sono? Che funzioni avevano?

_____

_____

3. Dove si trova Porto Cervo? Per che cosa è nota questa località della Sardegna?

_____

4. Che cosa ha rispettato lo sviluppo residenziale di Porto Cervo?

_____

5. Perché si studiano la dieta e l'ambiente di vita dei Sardi?

_____

Studio di parole Le arti e il teatro

A. Che cosa suonano gli amici italiani? Identify what musical instruments these friends are playing.

1.

2.

3.

4.

5.

1. Marina _____.

2. Daniele _____.

3. Federico _____.

4. Pierpaolo _____.

5. Davide _____.

B. I verbi dell'arte. Complete the following sentences with the correct verb from the list in the **passato prossimo.**

applaudire   comporre   dipingere   recitare   scolpire

1. Michelangelo _____ il *David*.

2. Leonardo _____ la *Gioconda*.

3. Giuseppe Verdi _____ il *Nabucco*.

4. L'attore _____ la sua parte molto bene.

5. Al pubblico è piaciuto lo spettacolo e _____.

C. Parole incrociate. Complete the crossword puzzle with the cues given.

© Cengage Learning

Orizzontali

3. È lo spazio davanti al palcoscenico, con le file *(rows)* di posti a sedere.

6. Molte opere teatrali sono divise in due o tre _____.

8. Creare un'immagine con una matita.

9. Ne ha scritte molte Shakespeare.

10. I bronzi di Riace sono due _____ classiche.

Verticali

1. È una donna che sa dipingere molto bene.

2. Vivaldi è il _____ dei concerti intitolati *Le quattro stagioni.*

4. Il pubblico _____ a una rappresentazione teatrale.

5. «Con te partirò» è una _____ di successo di Andrea Bocelli.

7. Andrea Bocelli è un famoso _____ italiano.

Punti grammaticali

18.1 L'imperfetto del congiuntivo

A. Voleva che... Lisa organized an art show and wanted her friends to do certain things.

Esempio   (i suoi fratelli / aiutarla ad organizzare la mostra)
Voleva che i suoi fratelli l'aiutassero ad organizzare la mostra.

1. (Pietro e Lina / mandare gli inviti)

   _____

2. (Pietro / invitare un critico d'arte)

   _____

3. (tu / portare lo spumante)

   _____

4. (mio fratello / bere di meno)

   _____

5. (voi / stare più a lungo)

   _____

6. (tutti / ammirare i quadri)

   _____

B. Bisognava che... You and friends were planning a trip to the mountains. Write what each person had to do.

Esempio   (Luisa / portare le tende)
Bisognava che Luisa portasse le tende.

1. (Lino e Carlo / fare i preparativi con attenzione)

   _____

2. (Anna e Antonella / portare da mangiare)

   _____

3. (tu / non dimenticare il sacco a pelo)

   _____

4. (voi / ascoltare le previsioni del tempo [*weather forecast*])

   _____

5. (noi / conoscere la strada)

   _____

C. Avevano paura che… Tina and Lisa went to an outdoor rock concert. Write what they were afraid might happen.

Esempio   non esserci parcheggi gratuiti *(free)* vicino allo stadio
Avevano paura che non ci fossero parcheggi gratuiti vicino.

1. piovere

   _____

2. fare freddo

   _____

3. non essere possibile vedere bene il gruppo musicale

   _____

4. le bevande / costare troppo

   _____

5. il gruppo musicale / cantare solo poche canzoni

   _____

6. il pubblico / fischiare

   _____

D. Completiamo le frasi subordinate. Change the infinitive to the present subjunctive or the imperfect subjunctive, as required.

1. Andrò al concerto all'aperto benché (piovere) _____.

2. Siamo partite benché (fare brutto tempo) _____.

3. È necessario che tu (guadagnare) _____ di più.

4. Era necessario che gli attori (recitare) _____ meglio.

5. Non è possibile che (non piacerti) _____ i quadri di Modigliani.

6. Non ho potuto telefonare a Carlo prima che lui (partire) _____.

7. Ti presto i miei acquerelli *(watercolors)* purché tu (restituirmeli) _____.

8. Preferirei che tu (stare) _____ a casa.

9. Ti telefonerò a meno che tu non (uscire) _____.

10. Era meglio che tu (comprare) _____ un quadro astratto.

18.2 Il trapassato del congiuntivo

A. Impariamo il trapassato del congiuntivo. Complete each sentence with the **trapassato del congiuntivo** of the verbs in parentheses.

Esempio Pensavo che lui (guadagnare) _____ molto.
Pensavo che lui avesse guadagnato molto.

1. Non sapevo che tu (andare) _____ alla Scala di Milano.

2. Pensavamo che Giulia (telefonarti) _____.

3. Speravamo che voi non (dimenticare) _____ tutto.

4. Era meglio che io non (rispondere) _____.

5. Credevo che tu (prepararti) _____.

B. Pratichiamo ancora il trapassato. Form a sentence, using the **trapassato del congiuntivo** as in the example.

Esempio (speravamo / loro / scrivere)
*Speravamo che loro **avessero scritto**.*

1. (pensavo / tu / leggere le novelle del Boccaccio) _____

2. (l'artista dubitava / il critico / capire il significato del quadro) _____

3. (era necessario / voi / non dire niente) _____

4. (era un peccato / io / non andare al concerto) _____

5. (non sapevo / tu / ricevere un premio) _____

6. (avevo paura / loro / vendere tutti i biglietti per l'opera) _____

C. Impariamo la frase ipotetica. Complete each sentence with the correct form of the **trapassato del congiuntivo** of the verb in parentheses.

Esempio Se io (avere) _____ la macchina, (fare) _____ un viaggio.
*Se io **avessi** la macchina, **farei** un viaggio.*

1. Se io (essere) _____ milionario, (comprare) _____ una casa.

2. Se noi (abitare) _____ in Italia, (imparare) _____ l'italiano facilmente.

3. Se tu non (avere) _____ la macchina (prendere) _____ l'autobus.

4. Se i miei amici non (dovere) _____ lavorare, (divertirsi) _____ tutto il giorno.

5. Se io (sapere) _____ dipingere, (dipingere) _____ una natura morta.

6. Se Giulia (avere) _____ due mesi di vacanza, (andare) _____ in Africa.

7. Se io (avere) _____ un Picasso autentico, non (venderlo) _____.

D. Pratichiamo la frase ipotetica con il trapassato del congiuntivo. Complete each sentence according to the example.

Esempio   Ti avrei fatto una foto se (avere) _____ la macchina fotografica.
*Ti avrei fatto una foto se **avessi avuto** la macchina fotografica.*

1. Non avresti avuto un incidente se (stare) _____ attento.

2. Non ci saremmo bagnati se (prendere) _____ l'ombrello.

3. Avresti visto molte opere d'arte se (visitare) _____ Firenze.

4. Marco non sarebbe stato male se non (bere) _____ così tanto.

5. Non avrebbe fatto il musicista se non (avere) _____ talento.

6. Non avrei sentito un concerto di musica sinfonica se mia madre non mi (invitare) _____ a teatro.

E. L'indicativo o il congiuntivo? Complete each sentence, using either the indicative (**indicativo presente** or **futuro**) or the subjunctive (**congiuntivo imperfetto** or **trapassato**).

1. Prenderesti bei voti se (studiare) _____ .

2. Se (fare) _____ bel tempo, andremo al mare.

3. Se Lia (essere) _____ libera, verrà allo spettacolo con noi.

4. Se noi (avere) _____ più tempo libero, andremmo più spesso al cinema.

5. Se tu (parcheggiare) _____ la macchina qui, il poliziotto ti fa una multa.

6. Se tu (vedere) _____ il documentario su Leonardo da Vinci, ti sarebbe piaciuto.

7. Se la macchina non (funzionare) _____ , la porterai dal meccanico.

8. Se tu (abitare) _____ in montagna, potresti sciare in inverno.

18.3 Il congiuntivo: uso dei tempi

A. Cambiamo al passato. Change each sentence to the past.

Esempio   Voglio che tu venga.   *Volevo che tu venissi.*

1. È necessario che tu studi. _____

2. Bisogna che io lavori di più. _____

3. Speriamo che faccia bel tempo. _____

4. Dubitiamo che voi ci scriviate. _____

5. È inutile che loro gli telefonino. _____

6. Bisogna che io studi storia dell'arte. _____

7. Desidero che i miei genitori mi comprino un pianoforte. _____

8. Spero che il professore mi dica che ho del talento artistico. _____

9. Il direttore d'orchestra vuole che i musicisti facciano attenzione. _____

B. Manteniamo l'accordo dei tempi. Rewrite each sentence in the past.

Esempio   Vorrei che tu mi scrivessi.
Avrei voluto che tu mi avessi scritto.

1. Preferirei che tu venissi al concerto. _____

2. La mamma vorrebbe che il figlio suonasse il pianoforte. _____

3. Mio padre preferirebbe che io lavorassi durante l'estate. _____

4. Vorremmo che dicessero la verità. _____

5. Mi piacerebbe che voi veniste in vacanza con noi. _____

C. Usiamo il passato. Change the infinitive of the verb in parentheses to either the past subjunctive or to the pluperfect subjunctive, as required.

1. Credo che Luigi (laurearsi) _____ l'anno scorso.

2. Credevamo che Giacomo (partire) _____ un mese fa.

3. Penso che Teresa (incontrare) _____ Marco ieri sera.

4. Pensavo che tu non (lavorare) _____ l'anno scorso.

5. Non credo che Giulia (arrivare) _____ ieri sera.

6. Dubitavo che lui (essere) _____ in Italia tre anni fa.

7. Spero che la festa (piacerti) _____ ieri sera.

8. Non sapeva che Marco Polo (scrivere) _____ *Il Milione.*

9. Non credo che Giovanni (divertirsi) _____ ieri sera.

Come si dice in italiano?

1. *One day a friend told Michelangelo: "Too bad you did not marry. If you had married, you would have had children and you would have left them your masterpieces." The great sculptor answered: "I have the most beautiful wife. My children are the works of art I will leave; if they are great, I will live for a long time."*

2. *While Michelangelo was painting* The Last Judgment *(**Il Giudizio Universale**), a cardinal (**cardinale**) bothered him (**gli dava fastidio**) every day. Michelangelo got angry at (**con**) the cardinal and, since he was painting hell, decided to put him there. The cardinal went to the pope to complain, but the pope answered him: "If you were in purgatory (**purgatorio**), I could do something for you, but no one can free (**liberare**) you from hell." Whoever (**Chi**) looks at* The Last Judgment *can see the portrait of the cardinal on the left corner (**nell'angolo di sinistra**).*

Vedute d'Italia Modigliani, genio e sregolatezza *(unruliness)*

You are going to read about Amedeo Modigliani, a famous Italian painter and sculptor of the early 20th century. His life was plagued by poverty, illness and addiction, and the recognition for his art came only after his death. When finished, answer the questions below.

Un ritratto femminile di Amedeo Modigliani

Amedeo Modigliani è stato un famoso pittore e scultore italiano del primo Novecento.

Nacque a Livorno nel 1884 da una famiglia ebrea *(Jewish)*. Fin da piccolo dimostrò una grande passione per il disegno e a diciannove anni cominciò a frequentare l'Istituto delle Belle Arti di Venezia. Nel 1906 si trasferì a Parigi che era il centro dell'avanguardia artistica dell'epoca. Lì conobbe esponenti del movimento cubista e scoprì l'arte africana e oceanica. Da tempo malato di tubercolosi, dovette abbandonare la scultura, perché, con la polvere *(dust)* che respirava mentre scolpiva, la malattia peggiorava *(worsen)*. Si dedicò quindi unicamente alla pittura, concentrandosi sulle figure umane e sviluppò uno stile unico e inconfondibile *(unmistakable)*. I suoi quadri ad olio, dai colori forti e caldi, ritraggono uomini e donne dal collo lungo e affusolato *(slender)* e dagli occhi a mandorla *(almond shaped)*.

La prima mostra personale di Modigliani dovette chiudere solo dopo poche ore perchè i suoi nudi *(nudes)* avevano scandalizzato le autorità di Parigi.

I pochi soldi che Modigliani riusciva a guadagnare con i suoi dipinti sparivano *(would disappear)* nell'alcol e nelle droghe. La vita dissoluta peggiorò il già debole *(weak)* stato di salute dell'artista e Modigliani morì in povertà, nel 1920. Non aveva ancora trentasei anni di età. L'intera comunità artistica di Parigi partecipò al funerale di Modì, come lo chiamavano gli amici in Francia.

Il successo e la fama *(fame)* artistica seguirono quasi subito dopo la sua morte. Oggi Modigliani è considerato uno dei maggiori artisti del XX secolo e le sue opere sono esposte nei più grandi musei del mondo.

Domande

1. Dove e quando nacque Amedeo Modigliani?

2. Dove si trasferì nel 1906? Chi conobbe?

3. Perché dovette abbandonare la scultura?

4. Che cosa rappresentano molti dei suoi dipinti?

5. Che cosa contraddistingue *(mark)* il suo stile?

6. Perché dovette chiudere la sua prima mostra personale?

7. Che fattori contribuirono alla morte dell'artista?

8. Qual era il soprannome *(nickname)* di Amedeo Modigliani?

9. Quando arrivò il successo?

Esercizi orali

Studio di parole Le arti e il teatro

🔊 **Che musica preferisci?** Listen to radio advertisements—which will be repeated twice—of four concerts to
CD6-27 be given in Florence. Complete the chart below, in which one item has already been filled in for you. Then
answer the question about your own preferences.

Dove?	Tipo di musica?	Chi canta?	Costo?	A che ora?

1. _____

2. _____

3. _____ *coro Melograno* _____

4. _____

5. Ti piacerebbe assistere ad uno di questi concerti? Quale e perché?

_____

_____

_____

18.1 L'imperfetto del congiuntivo

🔊 **A. La mamma sperava che...** Carlo and Angela are talking about their mother's hopes for them. Listen to
CD6-28 their exchanges and indicate with a checkmark which statements are accurate.

1. _____ La mamma sperava che Angela andasse all'Università di Bologna.

2. _____ La mamma sperava che Carlo studiasse medicina.

3. _____ La mamma sperava che Angela diventasse farmacista.

4. _____ La mamma sperava che Carlo diventasse professore d'inglese.

5. _____ La mamma sperava che Carlo e Angela frequentassero la stessa
università.

6. _____ La mamma sperava che Angela prendesse buoni voti.

7. _____ La mamma sperava che Angela potesse studiare a Padova con
Carlo.

8. _____ La mamma sperava che Angela si laureasse quest'anno.

9. _____ La mamma sperava che Carlo finisse gli studi l'anno scorso.

🔊 **B. Pratichiamo il congiuntivo imperfetto.** Listen to the model sentence. Then form a new sentence by
CD6-29   substituting the noun or pronoun given. Repeat the response after the speaker.

1. Esempio   Pensavano che io comprassi una Ferrari. (tu)
Pensavano che tu comprassi una Ferrari.

_____

_____

_____

_____

_____

2. Esempio   Vorrebbero che io facessi un viaggio. (tu)   *Vorrebbero che tu facessi un viaggio.*

_____

_____

_____

_____

🔊 **C. Avevamo paura che…** Form sentences using the cues. Then repeat the response after the speaker.
CD6-30   **Esempio**   (il treno / essere in ritardo)   *Avevamo paura che il treno fosse in ritardo.*

1. _____

2. _____

3. _____

4. _____

18.2 Il trapassato del congiuntivo

🔊 **A. Non è ancora successo!** Anna is explaining to Carla that various things that Carla thought had already
CD6-31   happened, in fact have not yet occurred. Indicate which form of the past perfect subjunctive Carla uses
in her remarks. Her exchanges with Anna will be repeated twice.

Esempio   You hear: — Marco compra la nuova Fiat domani.
— Pensavo che avesse già comprato la nuova Fiat la settimana scorsa.
You underline: avesse finito / <u>avesse comprato</u> / avesse lavorato / fosse andato / fosse partito /
avesse dato

1. avesse finito / avesse comprato / avesse lavorato / fosse andato / fosse partito / avesse dato

2. avesse finito / avesse comprato / avesse lavorato / fosse andato / fosse partito / avesse dato

3. avesse finito / avesse comprato / avesse lavorato / fosse andato / fosse partito / avesse dato

4. avesse finito / avesse comprato / avesse lavorato / fosse andato / fosse partito / avesse dato

5. avesse finito / avesse comprato / avesse lavorato / fosse andato / fosse partito / avesse dato

6. avesse finito / avesse comprato / avesse lavorato / fosse andato / fosse partito / avesse dato

🔊 **B. Pratichiamo il congiuntivo trapassato.** Listen to the model sentence. Then form a new sentence by
CD6-32 substituting the noun or pronoun given. Repeat the response after the speaker.

Esempio Credevano che io avessi scritto. (tu) *Credevano che tu avessi scritto.*

1. _____

2. _____

3. _____

4. _____

5. _____

🔊 **C. Gino pensava che anche gli altri fossero arrivati.** Gino thought that the following people had arrived
CD6-33 in his city. Recreate his statements, substituting the noun or pronoun given, as in the example. Then
repeat the response after the speaker.

Esempio Pensavo che tu fossi arrivato. (Franco) *Pensavo che Franco fosse arrivato.*

1. _____

2. _____

3. _____

4. _____

18.3 Il congiuntivo: uso dei tempi

🔊 **A. Impariamo ad usare il tempo giusto.** Paolo and Francesca are discussing their plans for the day and
CD6-34 the evening. While you listen to their exchanges, which will be repeated twice, indicate the two verbs
(main clause and dependent clause) that are used in Paolo's comments. Follow the example.

Esempio You hear: — Ciao, Francesca, pensavo che tu fossi fuori città.
— No, sono ritornata ieri sera.
You write: *pensavo, fossi*

1. _____   4. _____

2. _____   5. _____

3. _____   6. _____

🔊 **B. Ripetiamo al passato.** Change the following sentences from the present to the past, according to the
CD6-35 example. Then repeat the response after the speaker.

Esempio È necessario che tu lavori.
Era necessario che tu lavorassi.

1. _____

2. _____

3. _____

4. _____

5. _____

Adesso ascoltiamo!

🔊 **A. Dettato: Andiamo a teatro.** Listen as Gabriella describes to Filippo a play, *Il re cervo* (*The King Stag*),
CD6-36   by Carlo Gozzi (1720–1806). Her description will be read the first time at normal speed, a second time
more slowly so that you can supply the missing verbs, and a third time so that you can check your
work. Feel free to repeat the process several times if necessary.

Penso che *Il re cervo* _____ una commedia molto interessante. Vorrei che

_____ a vederla domani sera. Penso che _____

rappresentata al teatro Olimpico. È una fiaba (*fable*) con personaggi buoni e cattivi. Alla fine mi sembra

che _____ una morale. Ma è anche una commedia romantica perché

_____ il matrimonio del re con la figlia del suo ministro. È meglio che

_____ presto i biglietti prima che _____.

Mi piacerebbe che tu li _____ per la rappresentazione di venerdì sera.

Pensi di _____ andare oggi pomeriggio a comprarli? Vorrei che tu ne

_____ quattro. Pensavo di _____ anche a

Paolo e Francesca di venire a teatro con noi. Sarà divertente. Ho sentito che questa compagnia teatrale

_____ molto originale e che i costumi _____

come quelli della commedia dell'arte.

🔊 **B. Dopo la commedia.** Filippo and Gabriella just went to see the play *Il re cervo*. The play, first staged in
CD6-37   1762, is a combination of **commedia dell'arte,** puppet theater, and political satire. Listen as they discuss
the play, and then complete the following sentences.

1. A Filippo è piaciuta la commedia perché _____.

2. Gabriella pensa che gli attori siano _____.

3. Filippo crede che i costumi _____.

4. Gabriella pensa che l'attore più bravo _____.

5. A Filippo è piaciuta molto la parte del _____ perché

   _____.

6. Secondo (*According to*) Filippo, è una bella storia perché _____.

7. Gabriella pensa che sia interessante per _____.

8. Alla fine il cattivo _____ e i buoni _____.